Education of Programming

영재를 위한

프로그래밍 교육론

이태욱 · 안성훈 · 박정호 · 배영권 · 최영남 지음

KYOWOO CO. Publishing 教友社

머 리 말

현시대는 지식정보화 시대이다. 지식정보화 시대의 가장 커다란 특징은 정보의 수집, 생산, 유통 및 가공을 통해 새로운 정보를 창출하고 부가가치가 높은 생산을 추구하는 것이다. 또한 사회전반으로 정보화가 빠르게 진행되면서 교육 분야에서도 수학, 과학과 더불어 정보과학의 중요성이 크게 대두되고 있는데, 이러한 상황에서 정보과학에 남다른 능력을 지닌 영재를 조기에 발굴하여 그들의 탁월한 능력과 소질을 계발 및 육성한다는 것은 시대적, 국가적, 개인적인 차원에서 커다란 이득이 아닐 수 없다.

일반적으로 컴퓨터를 잘 한다고 하면, 인터넷을 잘 이용하고, 워드프로세스를 활용하여 문서작성에 능숙한 학생을 떠올리기 쉽지만 본질적으로 컴퓨터를 이해하기 위해서는 컴퓨터의 구조와 원리 및 논리적 처리과정 등을 이해하여야 한다. 이것은 프로그래밍(Programing) 학습을 통하여 가능하며, 더불어 논리적 사고력 및 문제해결능력도 향상시킬 수 있다.

이에 본 교재인 〈영재를 위한 프로그래밍 교육론〉에서는 일선현장에서 컴퓨터 프로그래밍을 지도하고 있는 교사와 프로그래밍을 시작하는 정보영재교육 대상자들이 보다 쉽게 프로그래밍에 다가설 수 있도록 학생들이 흥미로워 할 수 있는 실생활의 다양한 예제를 통해 문제를 해결해 나갈 수 있도록 구성하였다.

따라서 제 1장에서는 정보영재의 정의, 특성, 선발 및 교육방법에 대한 내용을 다루고 제 2장에서는 프로그래밍교육의 전반적인 개념을 다루도록 한다. 제 3장에서는 비주얼베이직에 대해 알아보도록 한다. 제 4장에서는 비주얼베이직의 폼, 컨트롤 등에 대해 간단히 알아보고, 5장에서는 비주얼베이직에서 프로그래밍을 하기 위해 필요한 기초지식에 대해 알아본다. 제 6장, 7장에서는 프로그래밍에서 직접 쓰이는 조건문과 배열 등에 대해 다루고, 8장, 9장에서는 각각 예제를 직접 실습해 볼 수 있도록 구성하였다.

본 저서를 활용하여 정보영재를 지도하는 현장교사와 프로그래밍을 학습하는 정보영재아동들 모두에게 조금이나마 보탬이 되길 바란다.

마지막으로 바쁜 일과 속에서도 이 책이 나올 수 있도록 격려를 아끼지 않으신 오판근 사장님이하 관계자분들께도 감사의 마음을 드린다.

2007. 3.

저자 일동

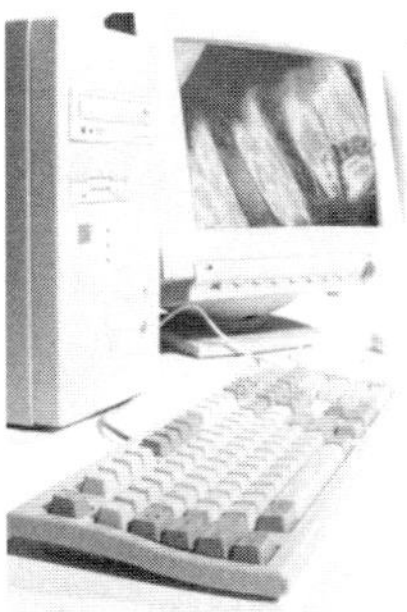

차 례

제 1장. 정보영재

제 2장. 프로그래밍 교육

제 3장. 비주얼베이직이란 무엇일까

제 7장. 배열에 대해 알아보자

제 8장. 간단한 애플리케이션 실습하기

제 9장. 비주얼베이직 6.0에서 다양한 예제 실습하기

영재를 위한 프로그래밍 교육론

1 장 정보영재

A PROGRAMME
FOR THE TALENT

01 왜 정보영재가 필요할까요?

21세기를 흔히들 지식정보화 사회라고 한다. 오늘날 우리 사회의 정보의 양이 하루가 다르게 늘어나고 있기 때문에 그렇게 일컫는다.

그런데 이런 지식정보화 사회에서는 우수한 두뇌를 지닌 인재들이 국가와 사회, 더 나아가 인류의 발전을 이끌어가고 있다.

예를 들어, 우리가 잘 아는 증기기관차는 영국의 제임스 와트가 발명하여 산업혁명을 일으키는 원동력이 되었고, 미생물학 교수 플레밍은 페니실린을 발견하여 인간의 수명을 배로 연장시켰다. 그리고 컴퓨터 분야에서는 미국의 빌게이츠가 지금 우리들이 컴퓨터를 이용할 때 많이 사용하고 있는 DOS나 WINDOW 시리즈와 같은 운영체제를 개발하여 많은 사람들이 컴퓨터를 편리하게 사용할 수 있도록 함으로써 우리 사회가 정보사회로 발전할 수 있도록 한 사람이다.

이렇게 한 사람의 영재가 한 시대와 국가의 경제적 · 사회적인 부를 창출할 수 있는 원동력이 될 뿐만 아니라 인류문명의 급속한 발전의 계기를 제공하는 것을 보면 영재교육의 중요성은 더 이상 언급하지 않아도 될 듯하다.

역사 이래 각 시대별로 요구되어졌던 '인재'의 의미에는 많은 변화가 있었다. 고대의 농경사회에서는 농사를 잘 지을 수 있도록 힘이 센 사람이 '인재'가 되었으며, 산업화의 물결이 일면서는 우수한 기술력을 가진 자가 '인재'가 되었다.

그러나 현재의 지식정보화 사회에서의 '인재'는 농경사회에서 필요로 했던 힘이 센 사람보다는 새로운 문제에 부딪쳤을 때 문제점을 발견하고, 그 문제의 해결을 위해 창의적인 사고를 하며, 창의적인 사고를 통해 얻은 아이디어를 이용하여 다양한 해결방법을 창출해 낼 수 있는 사람으로 정의된다.

세계화 사회에서는 국가와 국가 간의 협력도 많이 이루어지지만, 그 반대로 서로 치열한 경쟁을 하기도 한다. 그런 경쟁 속에서 세계 각국은 자기 나라의 발전을 위해 창의적이고 부가가치가 높은 아이디어를 생산해 낼 수 있는 최고급 두뇌를 가진 사람을 길러내는데 많은 투자를 하고 있으며 그 속에는 컴퓨터와 정보 분야에서 뛰어난 능력을 가진 사람을 길러내는 정보영재교육 또한 더욱 강조되고 있다.

우리나라의 경우에 영재교육에 관심을 갖기 시작한 것은 1970년부터 였고, 2000년 1월 영재교육진흥법이 공포되면서, 국가적 차원에서 영재교육이 실시되어 영재교육이 발전하는 계기를 마련하였다. 또한 2006년부터는 국가가 주도하여 영재교육에 대한 장기적인 계획을 수립하였으며, 향후 다양한 분야에서의 영재교육이 실시되고 확대될 것으로 기대된다.

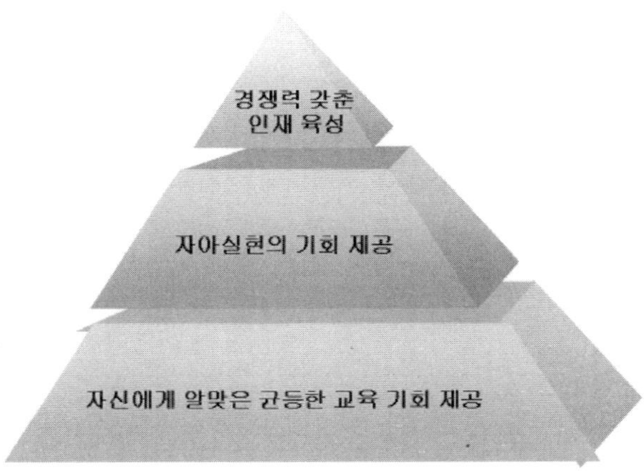

01 국가 · 사회적인 차원

21세기는 그야말로 무한 경쟁시대로써 고도의 창의적 두뇌를 지닌 사람을 많이 확보하고 있는 나라가 국제 경쟁 속에서 우위를 차지한다는 것이 분명해짐에 따라 우리도 우수한 고급 두뇌 발굴과 육성에 관심과 노력을 기울이지 않을 수 없다. 영재교육과 창의성 추구를 통하여 우수한 고급 두뇌를 조기에 발굴하고 육성하여 국가의 원동력이 되는 과학기술의 발전, 산업의 고도화, 경제, 안보 등 다방면에서 국가 경쟁력을 강화하고 국력을 신장시킬 수 있는 것이다(한국교육개발원, 2002). 이러한 영재교육의 필요성과 목적에 따라 최근 미국, 이스라엘, 싱가포르, 러시아 등의 국가에서는 영재교육에 많은 관심을 가지고, 국가 또는 주(지역), 대학(연구소)의 수준에서 다양한 형태의 영재교육을 실시하고 있다.

영재교육은 국가의 인재를 놓치지 않기 위해 실시되어야 한다. 우리는 매스컴에서 뛰어난 컴퓨터 실력을 지닌 학생이 은행이나 국가기관을 해킹하여 범법자로 전락하는 사례를 쉽게 찾아 볼 수 있다. 이것은 영재교육이 제대로 이루어지지 않아 우수한 두뇌를 지닌 영재아들이 사회의 질서를 파괴한 예라고 할 수 있다.

또한 국가 · 사회의 발전을 위해 영재교육은 필요하다. 특히 자원과 노동력이 부족함에도 불구하고 뛰어난 IT 산업으로 세계 11위의 경제대국의 반열에 우뚝 선 우리나라에서는 정보 분야의 영재교육에 아낌없는 투자가 요구된다. '1%의 뛰어난 인재가 99%를 먹여 살린다.' 라는 문구에서처럼 급변하는 정보화 사회에서 영재는 장차 국가경쟁력을 신장시킬 것이다.

02 교육적 차원

우리나라 국민은 누구나 교육기회를 균등하게 받을 수 있도록 되어 있다. 능력이 우수한 사람은 우수한 대로, 보통 사람은 보통의 수준에서 그리고 능력이 부족한 사람은 부족한 대로 각각 자신에게 알맞은 수준의 교육을 받는 것이 진정한 의미의 교육 평등인 것이다. 교육의 질적 향상은 물론 교육의 수월성은 이러한 교육 평등, 즉 자신에게 알맞은 학습 능력, 흥미, 소질에 따라 눈높이교육을 통해서 이루어질 수 있는 것이다. 다시 말해서 교육의 평등은 불리한 조건에 처해있는 사람들의 교육의 기회와 성공적인 학업 성취를 막는 장애 요인을 제거함으로써 모든 사람이 일정 수준의 능력을 갖춘 사람으로 성장할 수 있도록 해주는 동시에 개인의 능력과 부합하는 다양한 교육의 통로를 만들어 주는 것이라 할 수 있다.

03 개인적인 차원

개인의 입장에서 보면 사람은 누구나 타고난 소질과 재능이 다르다. 이들에게 자신의 능력과 소질에 적합한 교육을 하여 잠재 능력을 계발하고, 나아가 자아를 실현하도록 함으로써 행복을 추구할 수 있도록 해 주어야 한다.

02 영재의 정의

우리나라 영재교육 진흥법 제5조는 영재를 재능이 뛰어난 사람으로서 타고난 잠재력을 계발하기 위하여 특별한 교육을 필요로 하는 자로 일반지능, 특수학문 적성, 창의적 사고 능력, 예술적 능력, 신체적 능력, 기타 특별한 재능을 갖춘 자로 규정하고 있다.

그러나 영재의 정의는 시대와 학자에 따라 서로 다른 특징을 가지며, 영재의 요소 또한 각기 달랐다. 초기에는 지적 능력이 뛰어난 아이들을 영재라고 정의했다. 그러나 연구가 진행되면서 영재성에 관한 정의는 평균 이상의 능력과 이를 계발해내는 데 필요한 자극과 도전, 이를 제공해주는 환경의 중요성을 더 강조하고 있다. 즉 영재는 타고난 잠재력이 뛰어나야 함과 동시에 교육을 통해서 계발되어짐을 알 수 있다.

미국 교육부(1972)는 영재아는 우수한 능력을 가지고 있기 때문에 전문가들에 의하여 뛰어난 수행을 할 수 있을 것으로 판별된 아동이라 하였으며 이들이 자신과 사회에 기여하기 위해 일반 학교에서 정상적으로 제공되는 프로그램과는 차별되는 교육 프로그램과 서비스가 필요하다고 하였다. 그리고 영재아는 일반지능, 특수한 학업 적성, 창의적 혹은 생산적 사고, 리더십, 시각적 공연예술, 심리운동 능력 등에서 우수한 성취를 입증하였거나 그러한 성취를 할 잠재력을 지닌다고 하였다.

Terman은 지능지수(I.Q)만으로 영재아를 구별하였으며, 1950년대 초까지 영재의 조건으로 지능지수와 함께 학업 성취도를 사용하였다. 그러나 지능지수와 학업성취도가 비례적인 관계가 있지 않음이 밝혀지면서 지능을 구성하는 구성요인에 관한 연구와 함께 영재성에 대한 다양한 정의가 시도되었다.

Renzulli는 실제로 사회에서 뛰어난 공헌을 한 사람들은 예외 없이 '평균 이상의 능력', '높은 창의성', '높은 과제집착력' 이라는 세 가지 특성을 지니고 있다고 했다. 그는 영재가 모든 분야에서 전부 뛰어날 필요는 없지만 3가지 요소를 꼭 갖추어야 한다고 하였다.

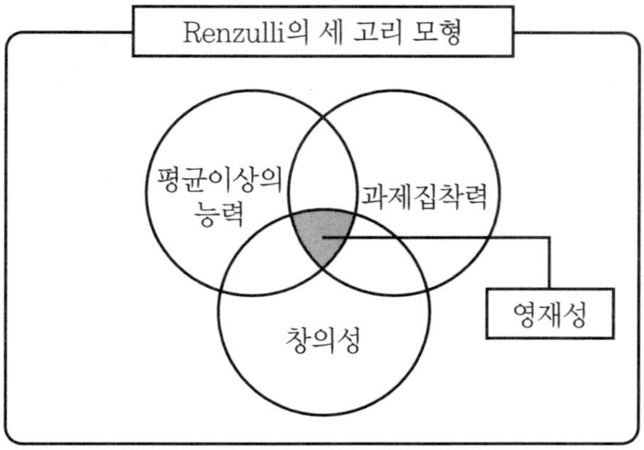

현재에는 Gardner, H의 다중지능 이론에 근거한 영재아의 정의를 수용하는 연구가 많이 진행 중이다. 다중지능이란 기존의 IQ로 대표되는 지능에서 벗어나 인간이 7가지의 서로 다른 복합적인 지능을 가지는 것을 말한다. 그 요소가 감각 언어지능, 음악적 지능, 논리 수학적 지능, 공간 지능, 신체 운동적 지능, 개인 내적 사고 지능, 개인 인간 지능으로 구성된다. Gardner, H는 이러한 7가지의 지능 분야 중 어느 한 가지 영역만이라도 뛰어나면 그 학생을 영재아라고 정의하였다.

영재성이 무엇인가에 관한 여러 학자들의 정의를 살펴본 결과 각각의 이론이 포함되거나 다루는 능력의 범위가 매우 다양하고 광범위하다는 것을 알 수 있다. 그러나 여러 학자들의 견해를 종합하여 보면, '탁월한 지능과 특정 영역에의 적성 또는 잠재력을 가졌으며, 문제 해결에 있어 흥미와 집착을 가지고 창의적인 사고를 하는 자' 를 영재라고 말할 수 있다.

03 정보영재의 정의

세계 여러 나라들이 지식정보화 시대에서 주도권을 차지하기 위해 인적 · 물적 인프라에 최대한의 투자를 하고 있는 시점에서 수학 · 과학 분야와 더불어 정보영역에 대한 영재교육은 시대적 요구이다.

영재의 정의와 마찬가지로 정보영재에 관해서도 학자들의 견해가 다음과 같이 분분하다.

오세군(2002)은 정보영재에 대해 '일반적 지적 능력, 컴퓨터에 대한 강한 호기심, 높은 창의력, 수학-언어적 능력, 과제 집착력의 요소에서 모두 평균이상의 특성을 소유하고 있는 사람 중에서 응용소프트웨어, 프로그래밍, 게임, 멀티미디어 등에 관심을 갖고 컴퓨터적 지각력, 일반화하는 능력, 추론능력, 새로운 상황에 대처하는 능력, 문제를 분석하고 그들 간의 관계를 파악하는 능력, 컴퓨터적 표현 능력, 적용력, 활용력이 뛰어나고 그 가능성이 있는 자' 라고 정의하였다.

나동섭(2003)에 의하면 정보영재는 '발생된 문제 또는 과제에 대하여 흥미와 관심을 갖고, 이의 해결을 위해 정보에 대한 지식과 우수한 지적 능력을 동원하여 문제를 정확히 이해하고 수학적 모델을 구성할 수 있고, 컴퓨터 또는 인터넷 등의 새로운 기술이나 지식을 보다 빠르고 유연하게 습득할 수 있는 능력과 정보 기술 활용 능력을 바탕으로 수렴적 또는 발산적 사고과정을 거쳐 과제해결에 필요한 정보를 수집하며, 또한 수집된 정보를 분석, 종합, 일반화, 특수화의 과정을 통하여 가공함으로써 문제를 해결하고, 새로운 정보를 창출해 낼 수 있는 능력을 지닌 자' 라고 하였다.

이건용, 이재호(2004)는 '주어진 문제를 파악, 이해, 분석하고 정보통신기술 활용능력을 바탕으로 새로운 정보를 수집 · 가공 · 재창출 할 수 있는 아동' 을 초등정보영재라고 정의하였다. 이 정의에서는 정보기술 활용능력을 바탕으로 새로운 정보를 창출하는 능력을 영재성으로 보았다.

이상의 다양한 견해를 종합하여 보면 정보영재는 '우수한 지적능력과 정보기술 분야에 대한 탁월한 적성을 가진 자로서, 문제해결에 있어 정보기술을 사용하여 필요한 자료를 수집 · 분석 · 가공 · 종합하여 새로운 정보를 창출하며 창의적인 문제해결 능력이 뛰어난 자' 라고 정의될 수 있다.

04 정보영재 아동의 특성

한국교육개발원(2005)는 다음의 지적능력과 정의적 특성 중 한 가지 이상의 능력과 특성을 보이는 사람을 정보과학 영재교육의 바람직한 대상자로 분류하였다.

〈 표 1 〉 정보과학 영재교육의 바람직한 대상자

구분	내용
지적능력	• 창의적 사고가 우수한 자
	• 수리 및 논리적 사고가 우수한 자
	• 문제 발견 및 문제 해결력이 우수한 자
	• 논리전개 능력이 우수한 자
	• 관찰력 및 과학적 사고가 우수한 자
	• 직관력 및 통찰력이 우수한 자
	• 새로운 정보 창출 능력을 가진 자
	• 높은 지적 능력을 가진 자
정의적 특성	• 뛰어난 과제집착력 및 집중력을 가진 자
	• 강한 도전의식 및 모험심을 가진 자
	• 의문이 많고 지적 호기심이 매우 많은 자
	• 정보과학 분야에 대한 관심과 흥미가 매우 많은 자
	• 풍부한 상상력 및 자유로운 사고를 가진 자

일반적으로 컴퓨터에 재능이 있거나 컴퓨터의 물리적인 문제점을 잘 해결하고 응용소프트웨어를 잘 다루는 것으로 정보과학 영재로 평가하는 경향이 있다. 하지만 정보영재가 지녀야 할 특성은 위의 것을 포함하여 창의력, 과제집착력, 무한한 상상력, 호기심 등도 고려되어야 한다. 오세군(2001)은 정보과학 영재의 특성을 아래와 같이 4가지 영역으로 제시하였다.

〈 표 2 〉 정보영재아의 특성

구분	특성
일반적 특징	• 조기의 뛰어난 이해력과 사물 조작 능력이 탁월함
	• 기본 기능의 빠른 습득
	• 올바르고 빠른 판단력
	• 호기심이 많음
	• 새로운 생각 또는 도전에 열정적임
소프트웨어	• 방대한 상상력과 응용력
	• 관계를 파악하는 능력
	• 추측과 가설을 잘 세움
프로그래밍	• 중요한 원리를 파악하고 일반화시키는 능력이 우수함
	• 원인과 결과에 대한 통찰
	• 새로운 생각과 방법을 즐김
멀티미디어	• 무한한 상상력
	• 예술적 감각이 뛰어남
	• 침착하고 섬세함
	• 창의적 활동이 우수함
	• 사물에 관한 예리한 관찰력

05 정보영재의 판별 및 선발

영재성 판별은 창의적 잠재력이 뛰어난 아이들을 발굴하는 데 초점을 두고 있다. 영재성 판별 방법은 변화하고 있다.

지금까지 영재성은 고전적인 일반지능(general intelligence)의 개념에 의해 설명되어 왔으며 일반지능은 IQ 검사에 의해서 측정될 수 있다고 믿어왔다. 하지만 최근 영재성은 일반 지능의 개념보다 다중지능(multiple intelligence)의 개념에 의해 더 잘 설명 될 수 있다는 방향으로 인식의 전환이 이루어지고 있다.

다중지능의 개념에 의하면 인간의 지능은 분야별로 독립적으로 존재하기 때문에 지능을 측정하기 위해서는 IQ 뿐만 아니라 분야별 문제해결력이나 과제 수행 능력 등 다양한 방법으로 측정될 수 있다고 설명하고 있다. 따라서 영재성을 판별하기 위해, 과거에는 지능지수 중심의 단순 평가나 지필검사 위주의 평가를 실시했지만 최근에는 창의적 문제해결력, 비판력, 탐구력, 종합력 등 다차원적인 평가를 실시하고 있으며 지적 능력과 함께 태도, 흥미, 동기 등과 같은 정의적 영역의 평가 방법도 강조되고 있다.

과 거		현 재
단순 기억력 측정		창의적 문제해결능력 중시
지능(IQ) 중심		지적능력, 과제집착력, 협동심, 태도
지적능력(지필검사) 위주	⟹	행동평가, 산출물 평가
1회성 평가로 선발		다단계 평가로 선발
학교성적이 중요시 됨		성적, 지능, 창의성, 행동관찰 등

01 영재성 판별의 원칙

1. 영재는 한 가지 방법만을 활용하면 그 아동의 재능을 정확히 파악하기 어렵기 때문에 다양한 방법으로 판별한다.
2. 다양한 정보를 수집하고 여러 단계에 걸쳐 판별한다.
   - 영재성은 다양한 영역과 상황에서 나타나기 때문에, 다양한 검사방법 및 도구를 이용해서 폭넓은 정보를 수집하는 일이 필요하다.
   - 특수영역의 영재성에 대한 정보는 교과 성적, 지능검사, 창의성검사, 인성검사, 행동관찰, 산출물 등을 통해서 관찰될 수 있다.
   - 영재교육 대상자는 '추천 ⇨ 창의적 문제해결력 검사⇨ 발표, 실험, 실연 등에 대한 수행평가 및 면접⇨ 선발 및 배치' 와 같은 다단계를 거쳐 선발된다.
3. 판별 대상에 따라 적합한 판별 방법을 이용한다.
   - 학생의 연령, 신체적, 정신적 특성에 따라 적합한 방법과 검사 도구를 활용한다.

     예) 읽기 능력이 부족하고 집중 시간이 짧은 저학년 학생들에게는 집단검사 보다 개인 검사를 실시한다.
4. 영재 판별은 일회적으로 끝나는 것이 아니라 지속적으로 이루어져야 한다.
   - 영재성은 변화할 수 있으므로 주기적으로 검사를 실시하고, 관찰 등을 통해 지속적으로 판별해야 한다.
   - 지속적인 판별 활동을 통해 수집된 자료는 영재 판별 결과의 정확성과 판별 절차의 타당성을 평가하는데 유용하게 활용된다.
5. 영재 판별은 가급적 조기에 실시하며, 나이에 따라 판별의 초점이 달라진다.
   - 영재성은 조기에 나타나는 경우가 많다.
   - 모든 아동들이 가지고 있는 서로 다른 재능을 가능하면 일찍 발굴하고 적합한 교육을 제공하여 능력을 최대한 발휘하도록 한다.
   - 영재들 간에도 수준 차이가 나타나기 때문에 매우 뛰어난 영재를 판별하기 위해서는 충분히 높은 수준의 검사를 이용해야 한다.
6. 영재교육 대상자의 선발 절차, 기준, 방법 등은 영재교육기관별로 다를 수 있다.

- 영재교육 대상자의 선발은 각 영재교육기관별로 구성되어 있는 '영재교육대상자 선정추천심사위원회' 에서 계획하고 시행한다.

02 영재교육 대상자의 선발의 예

2007년 서울시교육청 영재교육 대상자의 선발 절차와 방법은 일반적으로 다음과 같다.

1. 1단계 : 교사의 관찰 결과, 학교성적, 포트폴리오, 행동체크리스트 등 학생에 관한 정보를 쉽게 얻을 수 있는 방법이나 도구를 사용하여 학생의 능력을 평가한다.

2. 2단계 : 교과 및 논리적 사고력 시험(20점), 창의적 문제해결력 시험(80점)으로 총 90분 동안 150%의 대상자를 선발한다.

논리적 사고력 문제의 예

☞ 다음은 이야기를 순서도로 나타낸 것이다. ㉮에 들어갈 알맞은 말은 무엇일까?

> 내일은 소풍을 가는 날이다. 선생님께서 내일 아침 8시에 비가 오지 않으면 소풍 갈 준비를 하고 비가 오면 수업 준비를 해서 학교로 오라고 말씀하셨다. 다음 날 나는 어떻게 해야 할까?

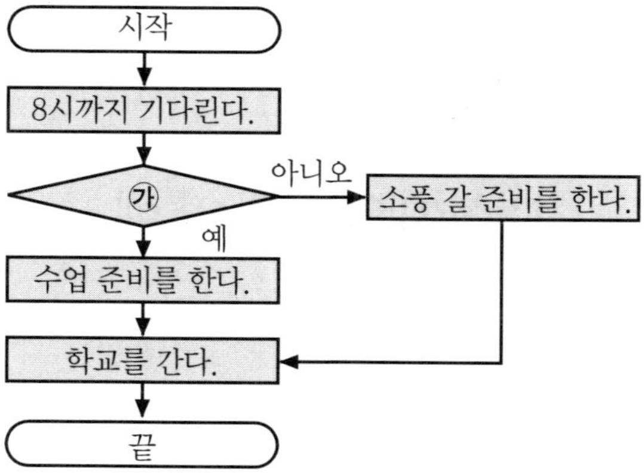

① 8시가 되었는가? ② 8시가 되지 않았는가?

③ 비가 오지 않는가? ④ 비가 오는가?

☞ 계속해서 어떤 도형이 와야 할까?

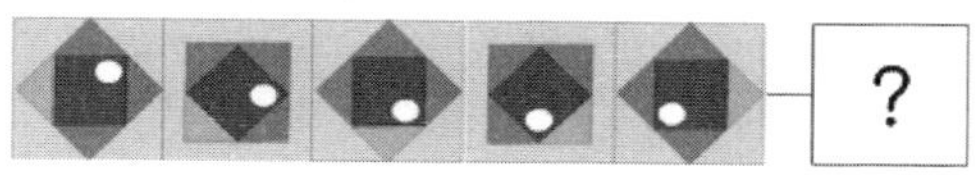

① 

② 

③ 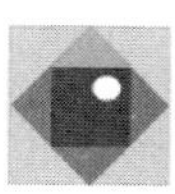

④ 

창의적 문제해결력의 예

☞ 철수는 컴퓨터 판매원이 되었다. 철수는 회사가 있는 도시 (가)에서 출발하여 각 도시 (가) ~ (바)를 모두 한 번씩만 방문하면서 컴퓨터를 팔고, 다시 회사가 있는 도시 (가)로 돌아와야 한다. 사장님은 회사 차의 기름을 가장 적게 사용하고 돌아오면 큰 선물을 주겠다고 한다. 철수가 가장 적게 사용할 수 있는 기름의 양은 얼마일까?

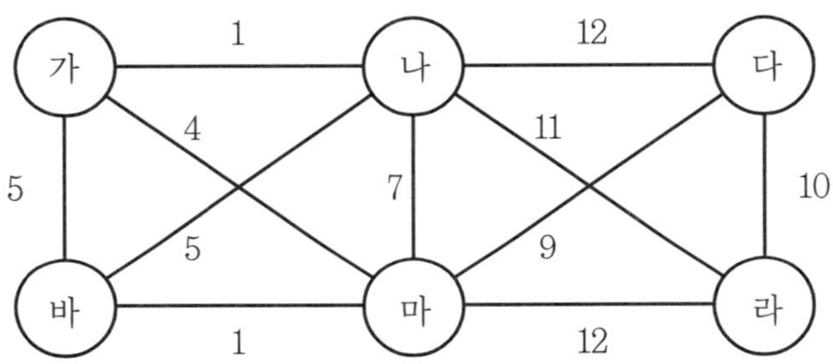

(그림에서 숫자는 도시와 도시 사이에 소비되는 기름의 양을 나타낸다.)

3. 3단계 : 심층 면접(20점)으로 개인별 5분 이내의 면접시간을 할애 받아 최종 선발하게 된다.

심층 면접 문항의 예

☞ 컴퓨터 하드웨어의 장치를 인간의 신체와 비교하여 설명하여라.

☞ 자판기(Vending Machine)의 정보처리과정을 논리적으로 설명하여라.

4. 4단계 : 영재교육대상자로 판별되어 교육 프로그램에 배치된 후에라도 선생님들은 지속적으로 여러분들의 정보영재성을 관찰하고 평가하게 된다.

06 영재교육기관 현황

국내에서 실시하고 있는 영재교육기관은 영재학급, 영재교육원, 영재학교 등의 세 가지 종류로 분류될 수 있다. 이중 영재학급과 영재교육원은 초·중·고에 해당되고 영재학교는 전문분야로 고등학생을 위한 교육체제라 할 수 있다.

1) 영재학교

전일제, 정규교육과정으로 운영하며, 중학생이면 지원이 가능하다. 현재 부산과학고등학교가 영재학교로 지정, 운영되고 있으며, 5~8월경에 다음 학년의 신입생을 선발한다.

2) 영재학급

영재학급은 초·중·고등학교에 설립되어 있으며, 지리적으로 영재교육원을 갈 수 없는 중·소도시 및 농어촌 지역의 학생들에게 영재교육의 기회를 제공하고, 영재를 발굴하는데 중점을 두고 있다. 수업은 방과 후, 특별활동 시간, 재량활동 시간, 또는 방학을 이용한다. 보통 1주일에 2~4시간 정도이고, 주로 수학, 과학, 정보영역 위주로 이루어지고 있다. 한 학급당 학생 수는 20명 이내이고, 교육대상자는 12~2월에 선발한다.

3) 영재교육원

교육청에서 운영하는 영재교육원은 방과 후, 특별활동 시간, 재량활동 시간, 주말, 방학 중에 교육을 할 수 있으며, 정규교과 시간에도 수업을 할 수 있다. 연간 수업시간은 교육청별로 다양하며 70~450시간 정도이다. 주로 12~2월 중에 영재교육 대상자를 선발한다.

4) 과학영재교육원

대학에 설치된 과학영재교육원은 방학 중과 주말을 이용하여 수업을 하며, 연간 100시간 이내의 수업을 한다. 학급당 15명 내외로 능력별로 반을 편성하여 운영하고 있다. 12월에 영재교육 대상자를 선발한다. 교육과정은 1년차 기초과정, 2년차 심화과정, 3년차 이상의 사사과정으로 제공된다.

07 영재의 교육방법

1. 영재들이 지니고 있는 다양한 수준의 잠재적 능력들을 계발시키기 위해서는 체계적인 학습모델에 따른 교수 · 학습활동을 구성하여야 하며 학습 자료는 영재들의 학습욕구와 학습 성향에 맞추어 구성하여야 한다.

- 영재가 스스로 독립적이고 자율적으로 학습할 수 있는 능력을 길러준다.
- 관찰 및 탐구 활동 능력을 길러준다.
- 창의적, 비판적, 논리적 사고력을 신장시킨다.
- 고정된 사고방식에서 탈피하여 새로운 아이디어를 창출할 수 있도록 자극한다.

2. 교수 · 학습 전략

- 속진학습은 정규 교육과정에 포함된 학습활동과 내용을 가능한 범위 내에서 단기간에 이수하도록 함으로써 수준이 높은 상급학년의 교과내용을 학습하도록 하는 교육과정운영 방법을 말한다.
- 심화학습은 당해 학년의 정규 교육과정과 동일하지만, 학습활동면에서는 일반학급에서의 학습활동을 병행하면서 방과 후나 주말이나 방학에 영재교육 프로그램 참가, 현장견학, 개인별 프로젝트, 작품, 제작 등을 통하여 창의적 사고력을 증진시키는데 목적을 두고 있는 학습방법이다.
- 사사제도는 학교 밖에 있는 자원을 효율적으로 활용하여 학생의 실제적인 문제해결력과 적용능력을 높이려는 방법이다.

메 모

영재를 위한 프로그래밍 교육론

2장 프로그래밍 교육

A PROGRAMME
FOR THE TALENT

01 프로그래밍과 프로그램

여러분들은 '프로그램' 이라는 말을 들어본 적이 있는가? 우리는 일상생활에서 '프로그램(program)' 이란 외래어를 쉽게 접하고 있다. 그 중 TV 프로그램은 거의 매일 듣는 말 중의 하나이다. TV 프로그램에는 요일과 시간에 따른 순서화된 방송의 제목들이 기록되어 있다. 즉, 프로그램이란 미리 계획된 일의 진행순서와 내용을 담아 놓은 것이라 할 수 있다.

컴퓨터로 '프로그램' 을 만들어 본다는 말이 좀 생소할 것이다. 어렵게 생각하지 말고 천천히 함께 배워보도록 한다. 컴퓨터에서의 '프로그램' 도 이와 비슷한 뜻을 지닌다. 단 컴퓨터가 이해할 수 있도록 정확히 표현해야 한다. 이때 필요한 것이 바로 프로그래밍 언어이다.

프로그래밍이란 어떠한 목적을 달성하기 위해, 순서나 과정을 만들어 가는 것을 말한다. 어떠한 일을 하면서 과정과 순서가 없다면 안 될 것이다. 그 과정과 순서를 컴퓨터 언어를 이용해 만들어 가는 것을 프로그래밍이라고 한다.

자, 그렇다면 인간의 언어와 컴퓨터 언어의 차이점은 무엇일까?

사람의 언어는 여러 가지 단어 들을 사용해서 표현하지만, 컴퓨터는 오직 "0"과 "1"만을 구별할 수 있다.

컴퓨터는 이렇게 "0"과 "1"만을 구별하기 때문에, 컴퓨터가 이해할 수 있도록 프로그램을 만들어주면 된다.

예를 들어, 여러분들이 맛있는 음식을 먹기 위해 식당에서 음식을 주문하는 것은 쉽지만, 컴퓨터에게 음식을 만들어 내도록 프로그래밍을 해야 한다면 어려운 일이 될 것이다. 컴퓨터에게 음식을 만들어 내도록 프로그래밍 하기 위해서는 컴퓨터가 이해할 수 있는 언어로 만들어 주어야 하기 때문이다.

1) 프로그램(program)

컴퓨터에게 주어지는 일련의 지시를 정해진 언어로 지시하는 명령문의 집합을 말한다.

2) 프로그래밍(programming)

프로그램을 작성하는 일련의 과정을 말한다.

3) 프로그래밍 언어(programming language)

프로그램을 작성하는 언어를 말한다.

4) 프로그래머(programmer)

프로그램을 작성하는 사람을 일컫는다.

02 프로그래밍의 절차

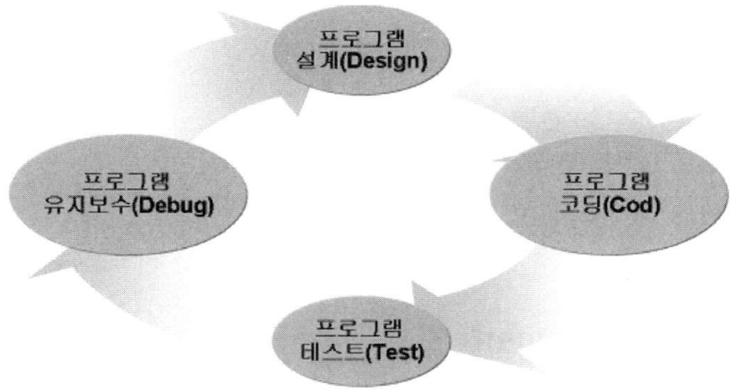

1) 프로그램 설계

프로그램 설계는 주어진 문제를 분석하고 문제 해결 전략(알고리즘)을 한다. 이를 효과적으로 실행하기 위해서 순서도, 수도코드(pseudo-code), 스트로보드 등 다양한 방법들이 사용된다.

명칭	기호	의미
단말기(terminal)	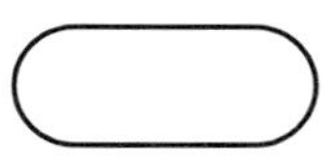	순서도의 처음과 끝 표시
입출력(input-output)	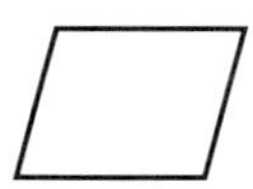	여러 종류의 입출력 표시
판단(decision)	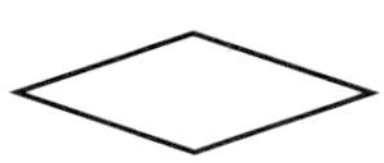	비교, 판단 상황을 표시
처리(process)	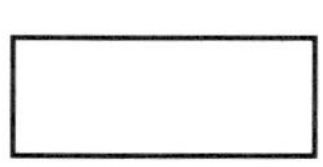	연산, 이동 편집 등 모든 처리 기능 표시

명칭	기호	의미
연결자(connector)	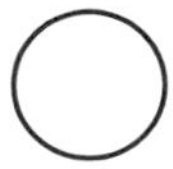	순서도의 블록 간의 연결 표시
서류(document)		인쇄되는 각종 서류 및 문서 표시
흐름선(flow line)	⟶	제어의 흐름, 실행 순서 표시

다음은 신호등과 관련한 순서도의 예이다.

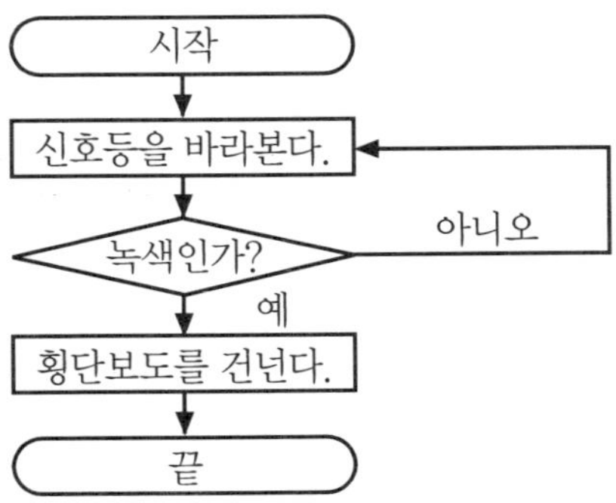

2) 프로그램 코딩

프로그램 코딩은 전 단계의 설계에 따라 컴퓨터 언어로 된 명령으로 입력하는 단계이다. 보통 모듈(module)이라는 작은 단위로 나누어 작업하게 된다. 이와 같은 방법은 프로그램의 오류를 수정하거나 원래 코드를 보완하기 쉽게 해주며 새로운 프로그램을 작성할 때 프로그램 전체를 코딩하지 않고 모듈을 부품처럼 사용할 수 있어 매우 효과적이다.

3) 프로그램 테스트

프로그램 테스트는 작성된 프로그램이 설계대로 잘 동작하는지 검사하는 단계이다. 프로그램의 신뢰도는 매우 중요한 요소이기 때문에 철저한 테스트가 필요하다. 프로그래밍 언어의 문법이 잘못되거나 단순히 철자를 틀리게 쓴 경우를 구문 오류(syntax error)라고 한다. 이와 같은 경우는 오류 메시지(error message)가 출력되므로 쉽게 교정할 수 있다. 하지만 프로그램 내부의 논리에서 발생한 오류는 설계 단계에서 알고리즘의 잘못으로 생기는 오류이므로 찾기가 어렵다.

4) 프로그램 유지보수

프로그램 유지보수는 개발된 프로그램의 숨겨진 오류를 수정하거나 기능을 개선하여, 더욱 성능 좋고 사용하기 편리한 프로그램으로 만드는 단계이다. 프로그램은 완성된 이후에도 오류가 출현할 가능성이 있으며 또 새로운 기능이 추가되어야 할 필요도 있을 수 있기 때문에 지속적인 유지보수 작업은 중요하다고 할 수 있다.

위의 4단계의 프로그래밍의 순서를 비주얼 베이식에 어떻게 적용되는지 알아보겠다.

1. 폼과 컨트롤의 배치(Layout)

   응용 프로그램을 작성하기 위한 첫 단계는 응용 프로그램 인터페이스의 기초가 될 폼을 작성하는 것이다.

   도구상자의 컨트롤을 이용하여 폼에 배치하도록 한다.

- 폼 크기 재 조절
- 폼 추가, 제거
- 컨트롤 추가, 제거
- 컨트롤 크기 조절
- 컨트롤 위치 조절

2. 속성 변경(Change)

개체에 대한 속성을 설정한다. 속성 창은 폼에서 모든 개체에 대한 속성을 설정할 때 쉬운 방법을 제공하는 것이다.

3. 코딩작업(Coding)

코드 편집 창은 응용 프로그램에 대한 비주얼 베이식 코드를 쓰는 곳이다. 코드 편집 창을 사용하면 응용 프로그램에서 코드를 빨리 편집할 수 있다.

- 코드 창 열기 : 코드를 쓰기로 한 컨트롤이나 폼을 두 번 누른다. 또는 솔루션 탐색기 창에서 코드보기 아이콘을 눌러 코드 창을 띄우면 된다.
- 이벤트 프로시저 작성 : 폼에서 컨트롤이나 폼을 두 번 누르면 코드 창으로 이동이 되면서 그에 해당하는 이벤트 프로시저가 작성된다. 또는 코드 창에서 대체목록 상자를 선택하여 원하는 개체이름을 선택하면 이벤트 프로시저가 작성된다. 그 안에 코드를 쓰게 된다.

4. 파일 저장(Save)

[파일] 메뉴의 [프로젝트 저장]을 선택하고 폼을 저장한다.

5. 실행(Run)

응용 프로그램을 실행하기 위해서는

① [디버그] - [시작] 메뉴를 선택한다.

② 도구 모음의 시작 단추를 누른다.

③ F5 키를 누른다.

위의 세 가지 방법 중 하나를 이용하여 실행하면 폼이 실행된다.

03 프로그래밍의 기본 요소

1) 명령(instruction)

어떤 객체에게 행동이 일어나도록 하는 지시하는 구문으로 메소드(method)가 있다.

2) 제어문(control structure)

일련의 명령을 통제하는 구문으로 순차제어문, 선택제어문, 반복제어문 등이 있다.

① 순차문은 프로그램의 입력에 따른 처리결과를 차례대로 보여주는 것이다. 즉 처리 순서가 시작부터 끝까지 한 방향으로만 진행되는 구조로써 분기나 반복 없이 명령이 위에서 아래로 하나씩 단계적으로 실행된다.

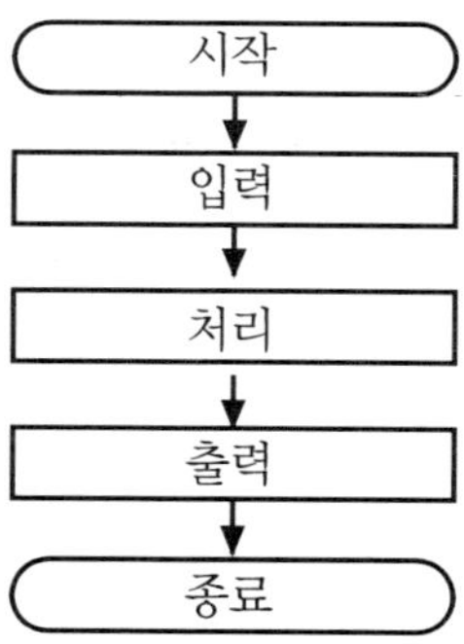

예)

X=10

Y=10

Print X+Y

② 선택문은 조건에 따라 프로그램의 흐름을 결정하여 실행하는 것을 말한다. 대표적인 것으로 IF문, IF-ELSE문이 있다. IF문은 프로그램의 순차적인 실행 과정에서 입력된 자료나 계산된 결과가 어떤 값인가에 따라 실행 내용이나 순서를 달리하고자 할 때 사용된다.

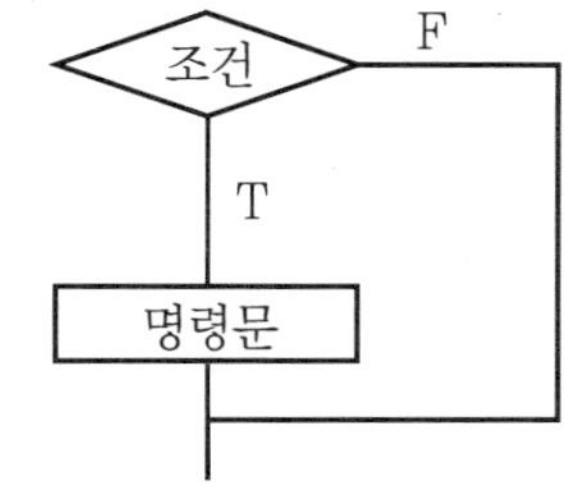


```
예)
if (조건식) 명령문;

다음 명령문;
```

IF-ELSE문은 조건식이 참인 경우와 거짓인 경우 실행할 명령문을 구분하는 형식이다. if-else문의 구조는 다음과 같다.

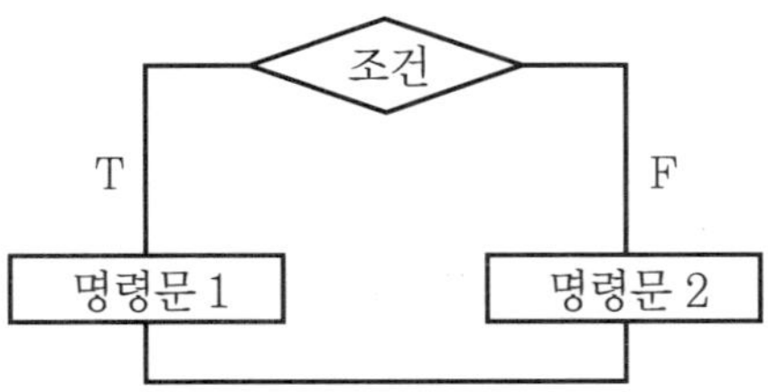


```
예)
if (조건식)
명령문 1;
else
명령문 2;
```

③ 반복문은 프로그래머가 컴퓨터에게 내리고자 하는 명령의 내용 중 절차적으로 반복되는 것을 약속된 방법으로 간단히 표현한 것이다. 대표적인 구문으로 Do~While이 있다.

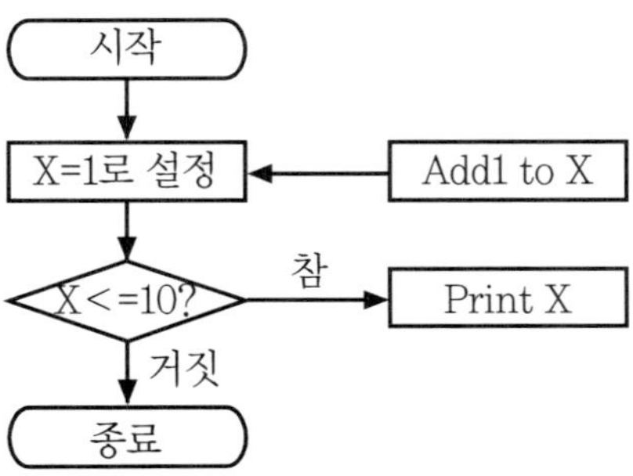


```
예)
X = 1
WHILE X <= 10 DO
    Print X
    Add 1 to X
END WHILE
```

3) 상수와 변수

주어진 값이 변하지 않는 자료를 상수라 하며, 기억장소의 이름으로 그 값이 수시로 변경 가능한 것을 변수라고 한다.

⊙ 상수의 예

숫자 상수 : 프로그램 문장에서 수치로 표현되는 상수 예) 10, 243

문자 상수 : 프로그램 문장에서 문자로 표현되는 상수 예) a = "b"

⊙ 변수의 예

X=3.14 의 경우 변수의 이름은 X이고, 저장된 실제 값은 3.14가 된다. 이때 변수 X는 기억장소에서 수치로 된 어떤 주소를 갖게 된다.

4) 배열

동일한 형을 갖는 구조적 자료의 집합체를 말한다. 이는 메모리 내의 연속적인 기억공간에 할당되며 배열을 구성하는 각각의 요소들을 배열요소(array element)라 부르고, 배열에 붙여진 이름을 배열명(array name)이라고 한다.

① 배열의 예) 우리 반 학생들의 자리를 배열로 선언해보자.

이효리	강호동	김혜수	조승우	이영애	김창렬
전지현	유재석	이나영	강동원	이승연	이현우
임수정	정재영	한예슬	김건모	정다빈	송백경
고현정	천정명	박한별	이범수	문근영	송종국
장진영	신승훈	고소영	장동건	엄정화	문희준

```
우리반[5][6] = { 이효리, 강호동, 김혜수, 조승우, 이영애, 김창렬,
                 전지현, 유재석, 이나영, 강동원, 이승연, 이현우,
                 임수정, 정재영, 한예슬, 김건모, 정다빈, 송백경,
                 고현정, 천정명, 박한별, 이범수, 문근영, 송종국,
                 장진영, 신승훈, 고소영, 장동건, 엄정화, 문희준 };
```

② 배열의 선언

만일 프로그램을 작성하고자 할 때, 정수형 변수 다섯 개가 필요하다고 가정하면 우리는 다음과 같이 변수 선언을 할 것이다.

```
int a, b, c, d, e;
```

이와 같이 일일이 변수마다 다른 이름을 붙여 사용하다면 변수명도 관리하기 힘들 뿐 아니라 사용하는 프로그램 또한 대단한 복잡성을 나타낼 것이다. 그런데 이와 같은 변수들을 하나의 이름으로 선언하며 첨자로써 해당 변수들을 관리한다면 사용자 입장에서는 대단히 편리하고, 또한 일정하게 증가 혹은 감소하는 첨자를 이용하여 각종 제어문들을 효과적으로 이용할 수 있는 장점이 있다. 위에서 선언한 다섯 개의 변수들을 배열로써 선언한다면 다음과 같다.

```
int alpha[5];
```

이는 alpha라는 이름으로 첨자를 달리한 다섯 개의 정수형 변수가 기억 공간에 연속적으로 확보된 것과 같은 효과를 준다.

alpha[0]	alpha[1]	alpha[2]	alpha[3]	alpha[4]

이와 같이 선언된 첨자의 형태에 따라 배열을 1차원 배열, 2차원 배열, 3차원 배열 등으로 나누는데 2차원 배열의 선언 형태는 다음과 같다.

int a[5];	a라는 이름으로 정수형 변수 5개를 기억공간에 확보
char b[10];	ch라는 이름으로 문자형 변수 10개를 기억공간에 확보
float f[7];	f라는 이름으로 부동 소수점 형 변수 7개를 기억공간에 확보

```
char ch[3][4];
       ↑  ↑
       행 열
```

04 프로그램 언어를 공부하는 방법

프로그램을 공부하면서 꼭 기억해 두어야 할 사항들이다. 우리 주변에서 일어나는 일들을 프로그래밍과 연관시켜서 자꾸 생각해 보자. 음료수 자동판매기 앞에서도, “어떻게 내가 원하는 음료수를 기계가 인식하는 걸까?”, 현금인출기 앞에서도 “돈이 입금되고 지출되는 것은 어떻게 작동되고 있는 걸까?” 생각해 보면, 우리 생활 속에서도 프로그래밍과 연관된 것들이 많이 있다.

프로그래밍을 쉽게 생각해야 한다. 막연히, “저것이 어떻게 작동될까? 생각만 해도 너무 어려워~” 라고 하지 말고, 하나씩 해결해 나가면 되는 것이다.

프로그래밍은 동화책이나 신문처럼 눈으로 읽고 공부하는 것이 아니다. 익힌 내용을 하나하나 직접 실습해 보자. 하나씩 하나씩 익힌 것을 실습하고, 저장해 놓는다면, 여러분도 모르는 사이에 눈부신 실력 향상이 될 것이다.

05 프로그래밍교육의 효과

⊙ 알고리즘 사고를 경험할 수 있다.

컴퓨터는 알고리즘을 표현한 기계이고 프로그래밍을 알고리즘을 컴퓨터에 기술할 수 있도록 한다. 알고리즘 사고는 복잡한 21세기 정보사회에서 필수적으로 습득하여야 할 사고방식으로 프로그래밍 활동을 통해 쉽게 터득할 수 있다.

⊙ 능동적인 태도로 학습에 임할 수 있다.

컴퓨터에 설치된 프로그램을 조작하는 수동적인 학습자가 아니라 컴퓨터가 입력받은 정보를 처리하는 과정을 이해하고 또 직접 표현해봄으로써 능동적인 학습자가 될 수 있다.

⊙ 논리적 사고력을 향상시킬 수 있다.

프로그래밍 과정에서 빈번히 일어나는 오류수정 활동은 오류의 원인을 스스로 진단하고 순서화된 알고리즘을 분석하여 수정하는 과정을 유발시켜 결국 논리적 사고력 향상에 도움을 주게 된다.

⊙ 프로그래밍 언어 학습을 통해 컴퓨터에 대한 이해를 더욱 쉽게 하고 새로운 문제에 노출되었을 경우에 다양한 방법으로 문제에 접근하고 해결해보는 과정을 통해 창의성 및 자신감 등 긍정적인 태도를 기를 수 있다.

⊙ 흥미로운 학습을 경험할 수 있다. 여러분이 컴퓨터를 이용하여 가장 많이 하는 활동은 무엇인가? 아마도 대부분은 게임, 인터넷, 문서작성에 많은 시간을 할애하고 있을 것이다. 프로그래밍 활동을 통해 여러분이 생각한 것을 표현할 수 있도록 도와주기 때문에 재미있게 배울 수 있을 것이다.

영재를 위한 프로그래밍 교육론

3장 비주얼베이직이란 무엇일까

A PROGRAMME
FOR THE TALENT

01 비주얼베이직이란?

Visual Basic의 "Visual" 부분은 사용자 그래픽 인터페이스를 만드는 데 사용되는 방법을 말한다. 인터페이스 구성 요소의 위치와 모양을 설명하기 위해 수많은 줄의 코드를 모두 직접 작성하지 않고 미리 작성된 개체를 화면의 위치로 끌어오기만 하면 된다. "Basic" 부분은 전산의 역사상 프로그래머들에 의해 다른 언어보다 더 많이 사용된 언어인 BASIC 언어를 말한다.

비주얼베이직은 쉽지만 아주 강력한 도구이다.

01 윈도우즈 개발 환경의 이해

1. 창 : 경계선을 가진 사각형. 시스템은 계속적으로 동작이나 이벤트를 표시하기 위해 각 창을 감시한다.
2. 이벤트 : 마우스나 키를 누르는 것과 같은 사용자의 동작을 통하거나 프로그램 컨트롤을 통해서 발생한다.
3. 메시지 : 이벤트가 발생할 때마다 메시지가 운영체제로 전송된다. 그리고 시스템은 메시지를 처리하고 다른 창에 알려주게 된다.

02 비주얼베이직의 버전

현재 비주얼베이직은 Visual Basic.Net(비주얼베이직 닷넷) 버전까지 출시가 되었다.
이 책에서는 이 Visual Basic.Net(비주얼베이직 닷넷)을 다루도록 하겠다.

자, 그럼 닷넷(.NET)에 대해 알아보자.

닷넷(.NET)이란 무엇일까?

닷넷(.NET)이란 소프트웨어를 서비스의 형태로 제공하기 위한 마이크로소프트의 전략이다. 마이크로소프트 닷넷은 PC를 포함한 각종 정보기기들을 서로 연동해 언제 어디서나 어떤 장치를 통해서도 원하는 정보와 서비스를 제공받을 수 있는 환경을 구축하는 것을 목표로 하는 마이크로소프트의 차세대 인터넷 전략이다.

03 비주얼베이직의 탄생 배경

1. 베이직은 1964년 미국의 다트머스 대학에서 초보자를 위한 대화형 언어로 개발되었다.
2. 1975년 개인용 컴퓨터에 활용할 수 있도록 마이크로소프트사의 빌 게이츠가 수정하였다.
3. 단순히 화면에서 만들겠다는 개념인 “비주얼 편집”에 “베이직”언어를 혼합하여 “비주얼베이직”이라는 언어가 탄생하였다.

04 비주얼베이직 용어

1) 폼(Form)

여러 가지 인터페이스 정보를 담고 있고 사용자가 컨트롤을 올려놓아 시각적으로 편집할 수 있는 윈도우를 말한다. 폼이라는 것은 응용프로그램의 인터페이스용 윈도우이거나 사용자의 입력을 받는 대화 상자의 역할을 수행한다. 폼에다가 여러분이 원하는 모습을 꾸미기 위해 속성을 바꾸거나, 컨트롤을 추가하는 등의 작업을 수행할 수 있다.

2) 컨트롤(Control)

사용자가 응용 프로그램과 상호 대화를 하면서 사용하게 될 명령버튼이나 리스트박스, 또는 텍스트박스와 같은 객체를 그래픽으로 표현하는 것을 말한다.

3) 속성(Property)

크기나 색상 등의 객체가 가질 수 있는 값을 말한다. 객체의 데이터에 해당하는 개념이 비주얼베이직에서는 속성이라고 한다. 각 폼이나 컨트롤은 모두 자신의 속성을 가지고 있다. 따라서 비주얼베이직을 이용해서 프로그래밍을 하려면, 어떤 속성을 가지고 있으며 그것을 변경시키려면 어떤 변화가 일어나는지 잘 알고 있어야 한다.

4) 메서드(Method)

객체가 수행할 수 있는 행위를 말한다. 객체의 행동을 다른 말로 "메서드"라고 부른다. 비주얼베이직의 폼이나 컨트롤은 각자 자신의 특성에 맞는 메서드를 가지고 있다.

05 비주얼베이직 특성

1. 베이직에 기초를 둔 언어이다.

- 비주얼베이직은 베이식 문법을 기초로 하기 때문에 쉽고, 단기간에 익숙해질 수 있다.
- 비주얼베이직의 문법은 마이크로소프트 오피스 등에서 사용하는 매크로와 90%이상 호환된다.

2. 인터넷 기반의 강력한 프로그래밍 언어이다.

인터넷 어플리케이션을 구현할 수 있도록 수많은 컨트롤과 객체를 지원하고 윈도우 NT의 IIS와 연동하는 많은 기능을 제공함으로써 빠르고, 높은 품질의 인터넷 응용 프로그램을 개발할 수 있다.

02 비주얼베이직의 시작 페이지

비주얼베이직 닷넷(.NET)을 실행시키고, 먼저 시작 페이지에 어떤 부분들이 있는지 살펴보겠다.

01 메뉴

파일(F) 편집(E) 보기(V) 프로젝트(P) 빌드(B) 디버그(D) 데이터(A) 도구(T) 창(W) 도움말(H)

1. 파일 : 대부분의 윈도우즈 프로그램은 [파일] 메뉴를 갖고 있다. 다른 프로그램에서와 마찬가지로 이 항목은 새로운 파일이나 프로젝트를 시작/종료하거나 프로그램을 저장할 때 사용된다.

2. 편집 : [편집] 메뉴에서는 실행 취소, 다시 실행, 잘라내기, 복사, 붙여넣기, 삭제 등 프로그램을 작성하면서 편집에 쓰는 기능들이 포함되어 있다.

3. 보기 : [보기] 메뉴는 솔루션 탐색기, 속성 창, 출력 창 등 여러 가지 윈도우를 화면에 보여주거나 보이지 않게 한다.

4. 프로젝트 : [프로젝트] 메뉴는 애플리케이션에 부가적인 파일을 추가하고자 할 때 사용된다.

5. 빌드 : [빌드] 메뉴는 애플리케이션을 완성하여 비주얼베이직 닷넷(.NET) 환경 외부에서 실행하고자 할 때 쓰인다.

6. 디버그 : [디버그] 메뉴는 비주얼베이직 닷넷(.NET) IDE 내에서 애플리케이션의 실행을 시작하고 중지하는데 사용되며, 비주얼 스튜디오 닷넷 디버거에 접근하여 코드의 실행과정을 추적할 수 있도록 한다.

7. 데이터 : [데이터] 메뉴는 데이터베이스 내의 정보를 사용할 수 있도록 한다. 이 메뉴는 애플리케이션의 비주얼 환경, 즉 [디자인] 탭이 선택되어 있는 환경에서만 나타나게 된다.

8. 포맷 : [포맷] 메뉴도 애플리케이션을 디자인할 때 사용되는 메뉴이다. 만들어진 창이 애플리케이션에서 어떻게 보여질 것인지를 제어하는데 쓰인다.

9. 도구 : [도구] 메뉴는 비주얼 스튜디오 닷넷 IDE를 설정하고, 외부 도구들을 연결하는데 사용된다.

10. 창 : [창] 메뉴는 IDE 내의 창들이 어떻게 구성되어 보여 질 것인가를 제어하는데 사용된다.

11. 도움말 : [도움말] 메뉴는 비주얼 스튜디오 닷넷 관련 문서를 열어 필요한 정보를 얻고자 할 때 사용된다. 정보를 찾는 방법은 색인, 검색, 목차 등 여러 가지가 있으며, 마이크로소프트 웹 사이트에 연결하여 정보를 얻을 수도 있다.

02 비주얼 스튜디오 닷넷 IDE(통합 개발 환경) 내의 창

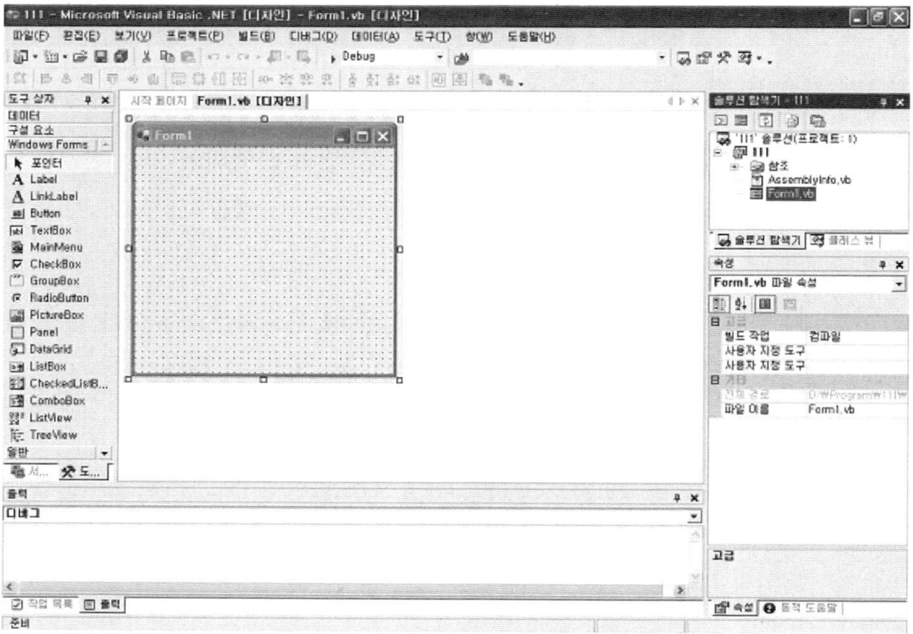

만약 창 중에 화면에 보이지 않는 것이 있다면 [보기] 메뉴에서 선택하면 된다. 창의 위치를 바꾸고 싶다면 윈도우의 제목 표시줄을 드래그하여 새로운 위치로 옮기면 된다. IDE 내의 윈도우들은 별도의 공간에서 자유롭게 사용된다.

1. 서버 탐색기 : 네트워크 내에 있는 서버로의 접근을 관리하고, 데이터베이스 연결을 만들거나 서버에서 제공하는 서비스들을 확인하는 데 사용된다.

2. 도구 상자 : 애플리케이션 내에 추가될 수 있는 다양한 컴포넌트들이 있다. 각 컨트롤들은 여러분이 개발하여 추가할 수도 있고, 구입할 수도 있다.

3. 디자인 윈도우 : 프로그래밍을 하면서 주로 작업이 이루어지는 곳이다. 앞으로 사

용자 인터페이스를 그리고, 코드를 작성하는 곳이다. 이 윈도우를 “디자이너”라고 도 부른다.

4. 솔루션 탐색기 : 솔루션의 계층적인 구조를 보여주는 곳이다. 솔루션 내에는 프로젝트와 코드, 코드 참조 등이 포함되어 있다.

5. 클래스 뷰 : 솔루션 탐색기 아래에 있는 탭을 클릭하면 나타난다. 프로그램 내부 클래스들과 속성 및 메서드를 보여준다. 클래스는 데이터와 함수를 하나의 단위로 통합한 코드 파일을 말하며 속성은 데이터, 메서드는 함수나 서브루틴을 의미한다.

6. 속성 : 선택된 객체의 속성을 보여주는 부분이다. 속성은 코드 내에서 설정할 수 있지만, 때로는 이 윈도우 내에서 설정하는 것이 훨씬 간편하다.

7. 작업 목록 : 코드를 실행하는 과정에서 발생한 오류를 보여주는 부분이다. 윈도우 내의 특정 항목을 선택하면, 오류를 포함한 코드 라인이 강조된 상태로 보여 진다.

8. 출력 : 코드를 실행하거나, 읽거나, 컴파일 하는 작업을 하면 그 과정에 관한 메시지들이 이곳에 나타난다.

03 비주얼베이직의 화면 구성

01 어떻게 시작할까

자~ 그럼, 이제 어떻게 비주얼베이직을 실행시키는지 알아볼까?

[시작] 메뉴 → [프로그램] → [Microsoft Visual Studio .NET] → [Microsoft Visual Studio .NET] 을 선택해 보자.

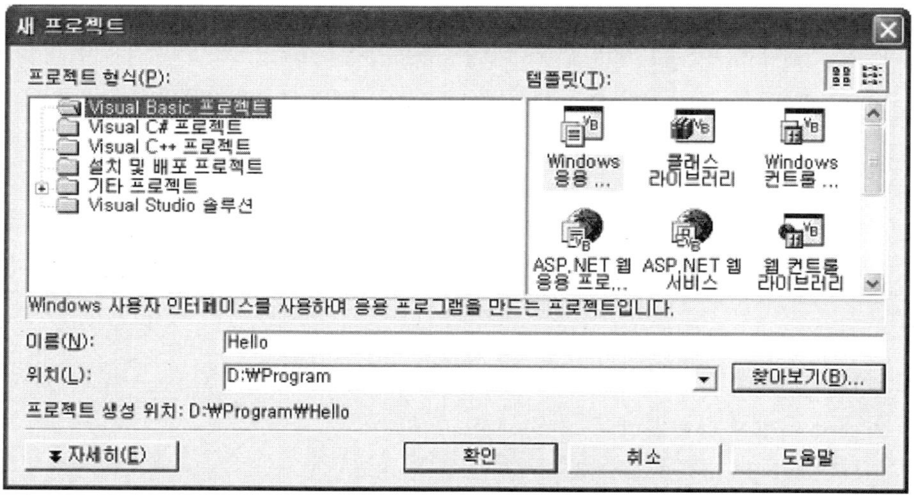

위와 같은 화면이 보일것이다. 그렇다면, 이제 잘 따라해 보자.

프로젝트 형식에서 "Visual Basic 프로젝트"를 선택하고, 아래 부분에 프로젝트 생성 위치를 지정해 주면 된다.

"위치"란 여러분이 만들 파일의 저장 위치를 각자 컴퓨터에 맞게 지정하고, "이름"은 여러분이 만들 파일의 이름을 원하는 대로 지정해주면 된다. 저는 "내 컴퓨터"의 "D:/"드라이브에 "Program"이라는 폴더를 새로 만든다. 그리고 "Hello"라고 이름 지어 프로그램을 만들어 보려고 한다.

자~ 여기까지 되었다면, "확인" 버튼을 눌러 보자.

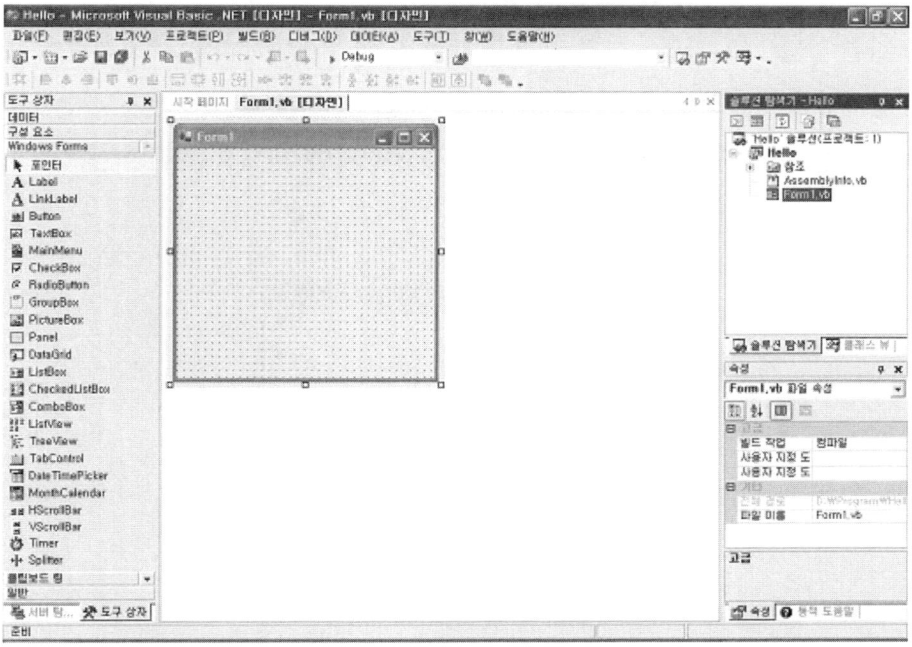

책에서 보이는 것과 같은 그림이 보인다면, 잘 따라오고 있는 것이다.

혹시, 왼쪽에 여러 도구들이 있는 판이 보이지 않는다면, 그럼 프로그램 가장 위에 있는 메뉴 바에서 "[보기] – [도구상자]"를 클릭해 본다.

02 어떻게 저장할까

프로젝트를 생성할 때, 프로젝트의 이름을 미리 지정했기 때문에, 한 프로젝트에 한 개의 폼에 코딩을 했다면, 따로 지정하지 않아도 된다.

도구 모음에 있는 저장하기 단추를 누르거나, 모두 저장하기 단추를 누르면 된다. 저장하기 단추는 현재 작업하고 있는 파일에 대한 저장을 의미하고, 모두 저장하기 단추는 현재 작업하고 있는 파일, 프로젝트 모두를 저장한다는 의미이다.

또 다른 방법으로 [파일] - [저장] 을 선택한다. 마찬가지로 파일, 프로젝트를 모두 한꺼번에 저장하기를 원한다면 [파일] - [모두 저장]을 선택한다. 단, 현재 작성하고 있던 파일을 수정하여, 이름을 다르게 하여 저장하길 원한다면, 반드시 [다른 이름으로 저장]을 선택해야 한다는 것에 주의하자.

03 어떻게 종료할까

종료하는 방법을 알아볼까?

[파일]-[종료] 메뉴를 누른다.

파일(F) 편집(E) 보기(V) 프로젝트(P)
새로 만들기(N)
열기(O)
닫기(C)
새 항목 추가(W)... Ctrl+Shift+A
기존 항목 추가(G)... Ctrl+D
프로젝트 추가(D)
솔루션 열기(E)...
솔루션 닫기(T)
Form1.vb 저장(S) Ctrl+S
다른 이름으로 Form1.vb 저장(A)...
저장 고급 옵션(V)...
모두 저장(L) Ctrl+Shift+S
소스 제어(R)
페이지 설정(U)...
인쇄(P)... Ctrl+P
최근에 사용한 파일(F)
최근에 사용한 프로젝트(J)
끝내기(X) Alt+Q

메 모

영재를 위한 프로그래밍 교육론

4장 비주얼베이직 맛보기

01. 폼 화면 디자인하기
02. 각 컨트롤 알아보기
03. 각 컨트롤의 속성 변경하기
04. 간단한 프로그램 작성하고 실행해 보기

A PROGRAMME FOR THE TALENT

01 폼 화면 디자인하기

본격적인 비주얼베이직 맛보기를 시작해 본다.
간단한 폼을 직접 만들어 보도록 하겠다.
순서대로 잘 따라해 보자.

1. 프로젝트 창 열기

   [파일] - [새로 만들기] - [프로젝트]를 차례대로 실행한다.

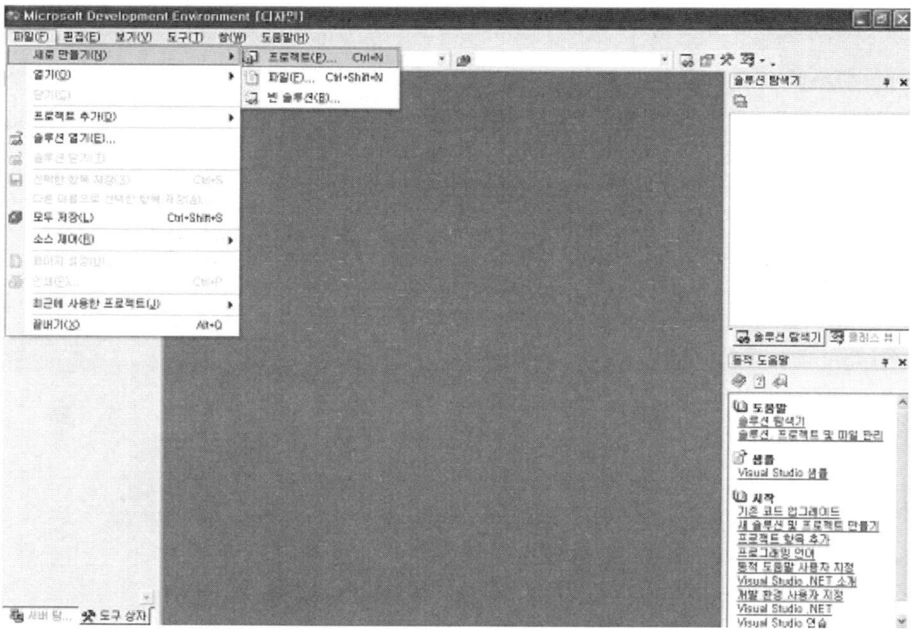

2. 프로젝트 형식에서 [Visual Basic 프로젝트]를 선택하고, 아래에 있는 [이름] 항목에 파일명을 입력한다. [위치]에는 파일을 저장할 폴더 위치를 지정해 준다.

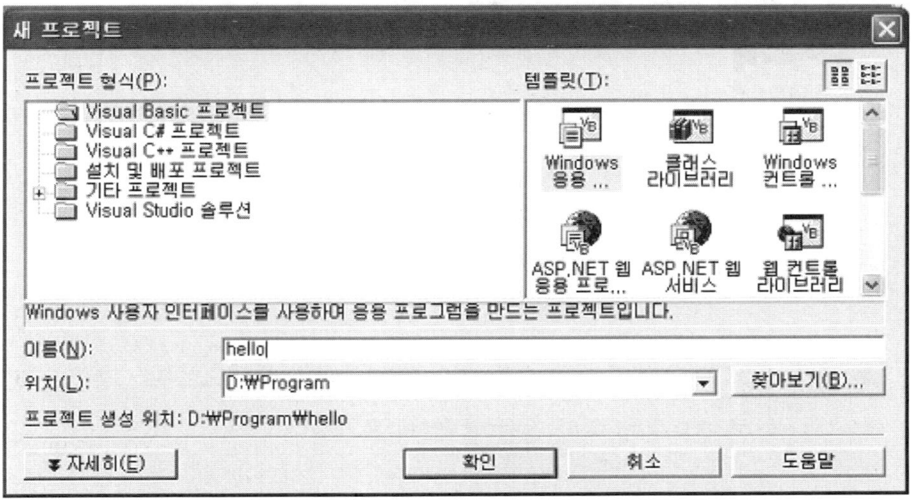

3. 모두 입력했다면, [확인] 버튼을 누른다.

4. 다음과 같이 폼을 디자인 해 본다. 앞에서 설명했던 컨트롤들을 이용하여 만들어 보자.

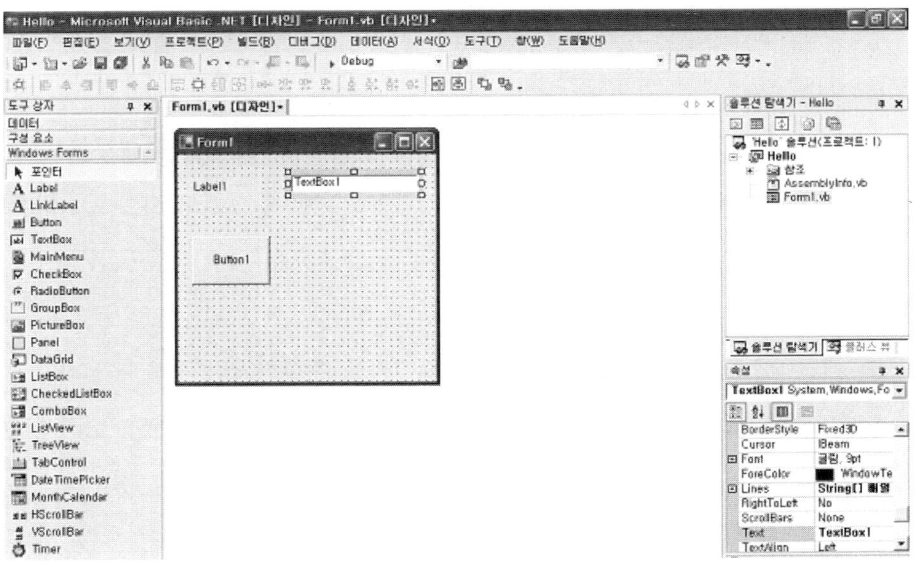

이렇게 원하는 컨트롤을 이용하여 폼에 하나씩 추가하여 사용하면 되는 것이다.

5. 잘 따라했다면, 비주얼베이직 프로그램을 종료한다.

02 각 컨트롤 알아보기

그럼 각 컨트롤들의 이름을 알아보도록 한다.

1. 포인터(Pointer) : 개체를 선택한다.

2. 픽쳐 박스(Picture Box) : 그림 이미지를 그래픽 메서드로부터 출력을 받는 컨테이너나 다른 컨트롤에 대한 컨테이너로써 표시한다.

3. 레이블(Label) : 그래픽 아래 캡션과 같이 사용자가 변경하지 않기를 원하는 텍스트를 둘 수 있도록 해준다.

4. 텍스트 박스(Text Box) : 사용자가 입력이나 변경을 할 수 있는 텍스트를 담고 있다.

5. 프레임(Frame) : 컨트롤에 대한 그래픽 또는 기능 그룹화를 생성할 수 있도록 해준다. 컨트롤을 그룹화하기 위해서는 프레임을 먼저 그려야 하고, 그 다음에 프레임 내에 컨트롤을 그린다.

6. 체크박스(Check Box) : 참인가, 거짓인가를 지시하거나 사용자가 하나 이상을 선택할 때 다중 선택을 표시하기 위해 사용자가 쉽게 선택할 수 있는 상자를 생성한다.

7. 옵션 단추(Option Button) : 사용자가 오직 하나만을 선택할 수 있는 다중 선택을 표시할 수 있도록 해준다.

8. 커맨드 단추(Command Button) : 명령을 수행하기 위해 사용자가 선택할 단추를 생성한다.

9. 콤보 박스(Combo Box) : 목록 상자와 입력란의 조합을 그릴 수 있도록 해준다. 사용자는 목록으로부터 항목을 선택하거나 입력란으로부터 값을 입력할 수 있다.

10. 리스트 박스(List Box) : 사용자가 하나를 선택할 수 있는 항목 목록을 표시하는데 사용한다. 한 번에 표시할 수 있는 것보다 많은 목록이 있으면 목록은 이동시킬 수 있다.

11. 수평 스크롤바(HScroll Bar) : 비율에 따라 현재 위치를 지시하거나 입력 장치 또는 속도나 양의 정도를 나타내는 지시기로써 긴 항목 목록이나 막대한 정보량 사이를 빠르게 이동할 수 있는 그림 도구를 제공한다.

12. 수직 스크롤바(Vscroll Bar) : 비율에 따라 현재 위치를 지시하거나 입력 장치 또는 속도나 양의 정도를 나타내는 지시기로써 긴 항목 목록이나 막대한 정보량 사이를 빠르게 이동할 수 있는 그림 도구를 제공한다.

13. 타이머(Timer) : 설정 간격에 타이머 이벤트를 발생시킨다. 이 컨트롤은 실행 모드에서는 안 보인다.

자~ 지금까지 많이 사용되는 대표적인 컨트롤(단추)들에 대해 알아보았다. 더 많은 컨트롤들이 있지만, 차차 사용하면서 기능들을 알아가게 될 것이다.

03 각 컨트롤의 속성 변경하기

폼을 작성한 후, 각각의 컨트롤들의 이름을 알맞게 변경해 보도록 한다.

다음과 같이 폼을 디자인하고, Text 속성을 변경해 보자.

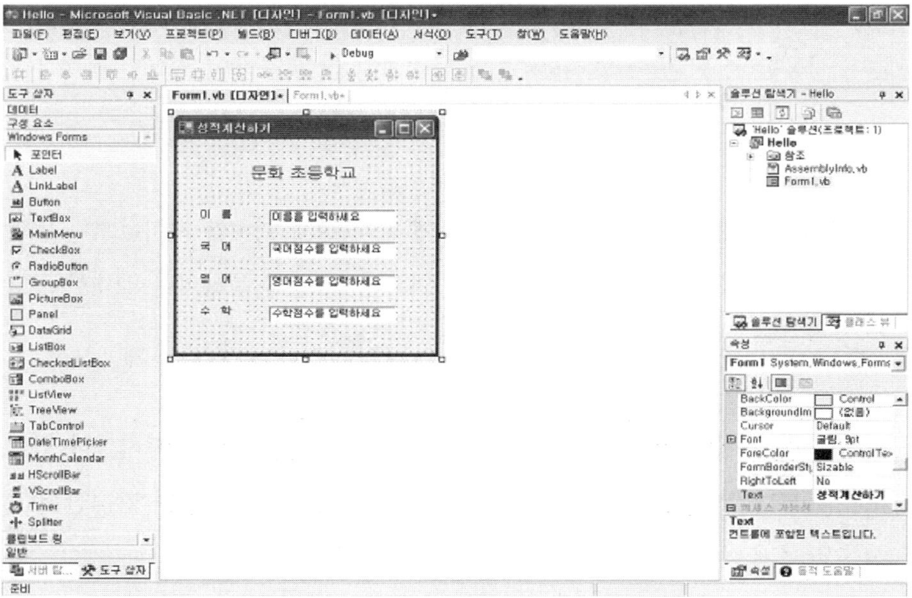

1. Form1 창이 선택된 상태에서 오른쪽에 보이는 속성 창에 있는 "Text"부분을 "성적계산하기"로 변경해보자.

2. Label 컨트롤과 Text Box 컨트롤을 이용하여 위와 같이 만들고 난 후, 속성 창에 있는 "Text"부분에서 각각 "문화초등학교", "이름", "국어", "영어" 등으로 변경해 보자.

각각의 글꼴과 크기는 "Font"라고 되어있는 부분을 더블클릭 하거나, 그 옆에 있는 마법사 단추를 클릭하여 변경한다.

04 간단한 프로그램 작성하고 실행해 보기

01 프로젝트 창 열기

1. [파일] - [새로 만들기] - [프로젝트]를 선택한다.

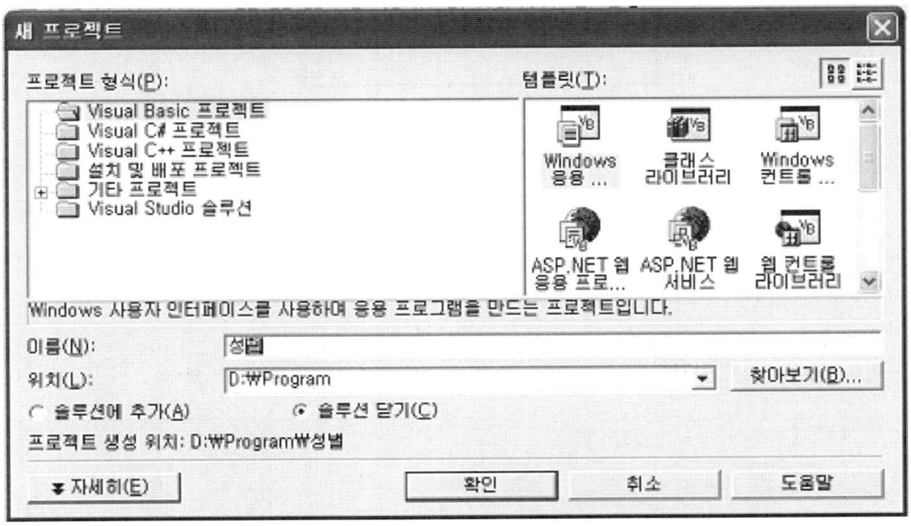

2. "이름(N)"에는 원하는 프로젝트 명을 입력한다. 여기에서는 "성별"이라고 입력한다. "위치(L)"에는 프로그램을 저장할 디렉토리 위치를 정해준다.
   모두 지정했다면 [확인] 버튼을 클릭해보자.

02 작성하기

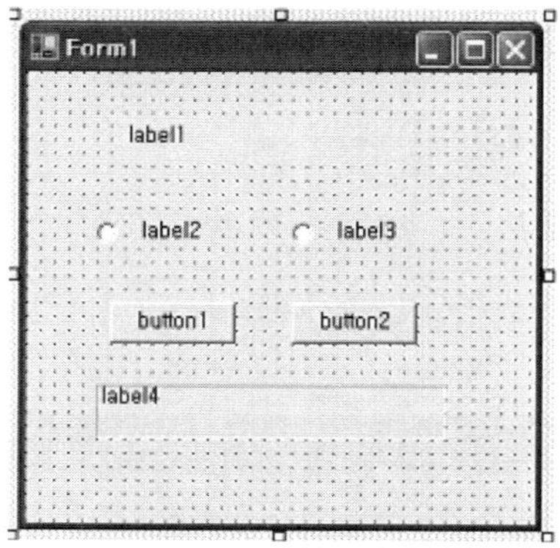

레이블 4개, 옵션버튼 2개, 실행버튼 2개를 이용하여 위와 같이 폼을 디자인 해보자.
자 그럼 각각의 속성을 지정해 보자.

1. 먼저 폼을 선택한 후, 오른쪽에 있는 속성 창에서 [Text] 부분에 "성별입력"이라고 입력한다.

2. [label1] 을 선택하여 속성을 변경해 보도록 하겠다.
   아래 그림에서 보이는 것처럼, 오른쪽에 있는 속성 창에서 [Text]를 "성별을 입력하세요.", [Name]에는 "lblInput"이라고 입력한다.

3. 위와 같은 방법으로 [label2]는 Text – 남자, Name– lblMale로
   [label3]는 Text – 여자, Name – lblFemale로 변경한다.
   [label3]는 Text는 내용을 지우고, Name – lblResult로 변경한 후, BorderStyle을 Fixed3D로 설정한다.

4. 다음은 옵션 버튼의 속성을 변경해 보도록 한다.
   첫 번째 옵션 버튼을 선택한 후 Name – rdbMale로, 두 번째 옵션 버튼을 선택한 후 Name – rdbFemale로 변경한다.

5. 마지막으로 명령 버튼의 속성을 변경한다.
   첫 번째 버튼을 선택한 후 Text – 확인, Name – btnOK로, 두 번째 버튼을 선택하여 Text – 종료, Name – btnExit로 설정한다.

그림과 같이 모두 변경 되었는지 확인한다.

6. 그럼 올바를 결과가 출력되도록 직접 코딩을 해 보도록 하겠다.
   확인 버튼을 더블클릭 한다.

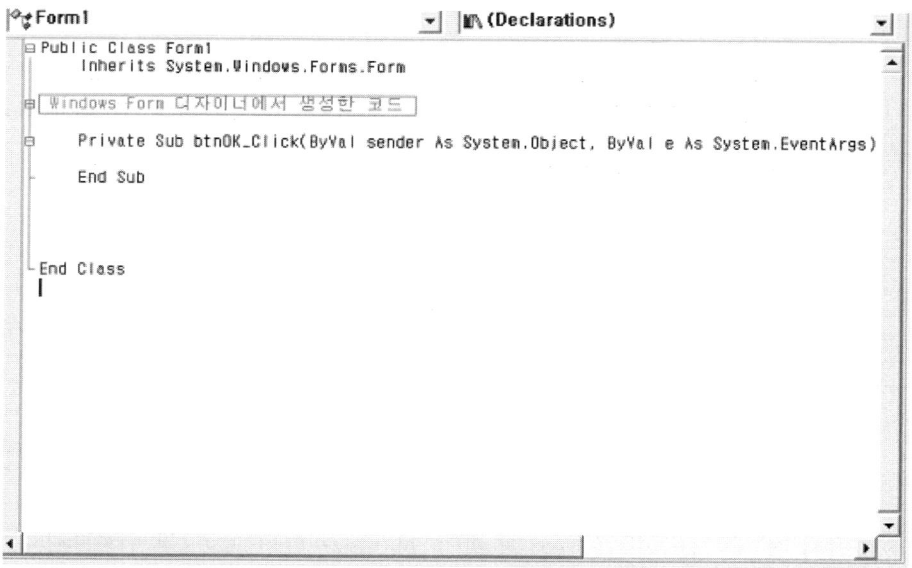

위와 같은 화면이 보일 것이다.

7. 그럼 아래 그림과 같이 코드를 입력한다.

```
Form1                                    (Declarations)
Public Class Form1
    Inherits System.Windows.Forms.Form

[Windows Form 디자이너에서 생성한 코드]

    Private Sub btnOK_Click(ByVal sender As System.Object, ByVal e As System.EventArgs)
        If rdbMale.Checked = True Then
            lblResult.Text = "남자입니다."
        End If

        If rdbFemale.Checked = True Then
            lblResult.Text = "여자입니다."
        End If
    End Sub



End Class
```

다시 "솔루션 탐색기"의 "디자이너 보기" 버튼을 눌러 폼으로 돌아간다.

8. "종료" 버튼을 더블 클릭한다.

```
Form1                                    (Declarations)
Public Class Form1
    Inherits System.Windows.Forms.Form

[Windows Form 디자이너에서 생성한 코드]

    Private Sub btnOK_Click(ByVal sender As System.Object, ByVal e As System.EventArgs)
        If rdbMale.Checked = True Then
            lblResult.Text = "남자입니다."
        End If

        If rdbFemale.Checked = True Then
            lblResult.Text = "여자입니다."
        End If
    End Sub

    Private Sub btnExit_Click(ByVal sender As System.Object, ByVal e As System.EventArgs

        Me.Dispose()

    End Sub
End Class
```

위와 같이 Me.Diopose( )를 입력한다. 이것은 "나를 종료하라"라는 의미이다.

03 저장 및 프로그램 실행하기

[파일] 메뉴의 [모두 저장]을 클릭하여 프로젝트와 파일을 저장한다.
저장을 한 후, 도구 모음에 있는 시작 버튼(▶)을 눌러 실행한다.

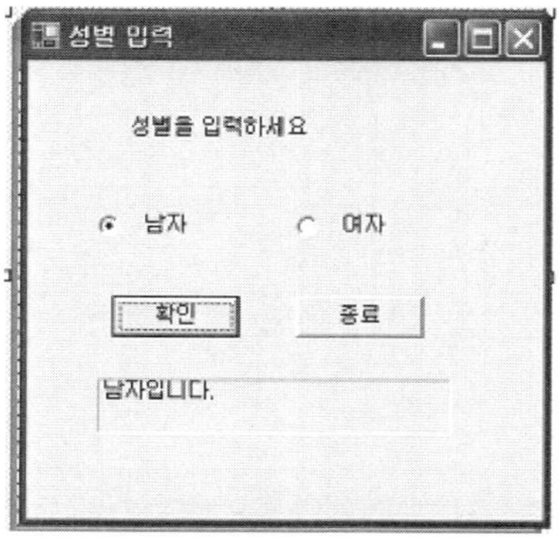

결과 폼이 실행되면, 남자 · 여자 옵션버튼을 누르고 결과를 확인한다.
자~, 그림과 같이 결과가 나온다면 잘 따라하고 있는 것이다.

영재를 위한 프로그래밍 교육론

5장 비주얼베이직의 기초

A PROGRAMME
FOR THE TALENT

01 기초 명령

01 변수와 상수

1) 변수

변수란 무엇일까? 변수란 프로그래밍을 하면서 사용할 수 있도록 특정한 값을 담아둘 수 있도록 만들어 놓은 것을 말한다.

간단한 알고리즘을 보면서 변수의 의미를 알아보도록 한다.

⊙ "n" 이라는 변수를 만들어 "15"라는 값을 저장한다.

⊙ "n"에 1을 더하고 저장한다.

⊙ "n"의 값을 사용자에게 보여준다.

이것을 직접 구현해 보면서, 알아보자.

1. [파일]-[새로 만들기]-[프로젝트]를 선택하여 새로운 프로젝트를 시작하고, 이름을 "변수"로 설정한다.

2. Form1이 만들어지면, 버튼 컨트롤을 이용하여 버튼을 그린다. 버튼의 Text 속성에는 "n+1"이라고 설정하고, Name 속성은 "btnAdd"라고 설정한다.

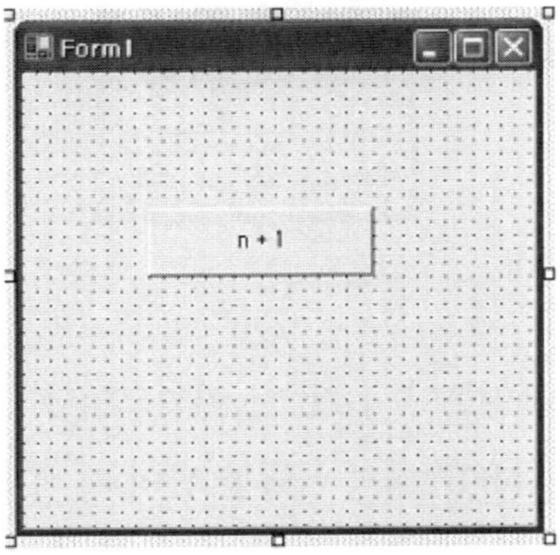

3. 버튼을 더블클릭하여 다음과 같이 코드를 입력한다.

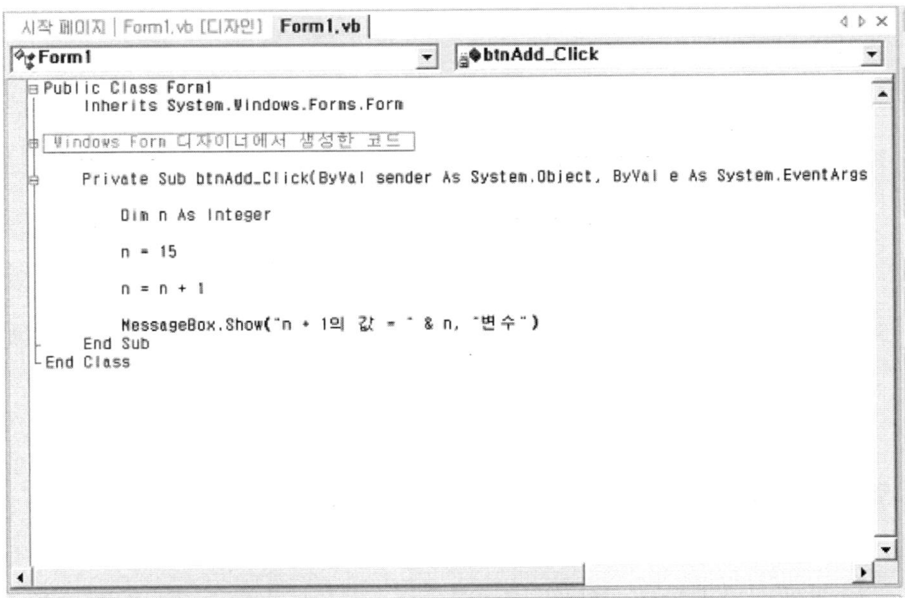

4. 프로젝트를 실행하고 버튼을 눌러 결과를 확인한다.

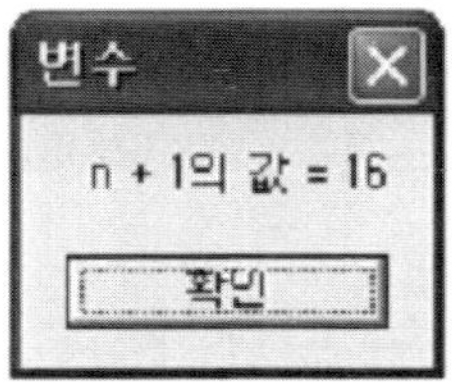

위의 프로그램에서 보이듯이 "Dim"은 키워드이다. 키워드란 특정한 명령의 의미를 가진 비주얼베이직 .NET 내의 특별한 단어로, "Dim"은 변수를 선언하는데 사용된다.

"As Integer"는 우리가 변수 내에 저장할 값의 종류를 비주얼베이직 .NET에게 알려주는 부분으로, 이름 데이터 형(Data Type)이라고 한다. 데이터 형에 대해서는 이후에 다시 자세히 설명할 것이므로, 지금은 이 정도만 알아두기 바란다. 간단히 말해 선언한 변수에 정수 타입의 값을 저장할 것이라는 것을 미리 지정해 두는 것이다.

따라서 "As Integer"로 정수형으로 선언을 하고, 실수를 입력한다면, 소수점 아래의 계산은 적절하게 이루어지지 않을 것이다.

수식을 계산할 때에는 입력할 데이터에 알맞은 데이터 형을 선언해 줘야 한다.

변수를 선언할 때에는 아래 규칙 이외에 큰 제약이 없다. 아래에 설명한 변수 명을 만들 때의 규칙과 변수의 종류에는 어떤 것들이 있는지 또한, 변수 선언에는 어떤 의미가 있는지 좀더 자세하게 익혀두자.

변수 명 만들 때의 규칙

- 255자까지 가능하다.
- 숫자가 아닌 문자로 시작해야 한다.
- 문자, 숫자, 밑줄(_)의 포함이 가능하다.
- 문장 부호나 특수문자, 공백을 포함해서는 안 된다.
- 미리 정의된 구문으로는 시작할 수 없다.(예를 들어, "If", "Len", "Or" 등은 변수로 사용할 수 없다.)

데이터 형	크기	범위
Byte1		0 ~ 255 사이의 정수
Boolean	2	참(True) 또는 거짓(False)
Integer	2	-32,678 ~ 32,767 까지의 정수
Long	4	-2,147,483,648 ~ 2,147,483,647 까지의 정수
Single	4	-3.402823E38 ~ -1.401298E-45까지의 음수
Double	8	-1079769313486232E308 ~ -4.94065645841247E-324 4.94065645841247E-324 ~ 1.79769313486232E308
Currency	8	-922,337,203,685,447.5808 ~ 922,337,203,685,447.5807
Date	8	100년 1월 1일부터 9999년 12월 31일까지 (날짜를 나타낸다)
String	문자열 길이 만큼	1 ~ 2조까지의 문자열
Variant	16 22	Dole형 범위(숫자) Dole형 범위(숫자)String과 같은 범위(문자)

변수의 선언

선언문	구분	범위
Dim	지역변수	"프로시저"에서만 실행
Private	모듈변수	"모듈"에서만 실행
Public	전역변수	"프로젝트"에서만 실행

선언하는 방법에 따라 변수가 반환하는 범위는 각각 다르게 적용된다.

예를 들어, "Dim"으로 선언된 변수에 기억된 값은 "프로시저"에서만 실행되고, 프로시저가 종료되면 변수에 기억되어 있던 값을 다른 프로시저에서 사용하지 못하게 되는 것이다. 그러나 "Public"으로 선언된 변수에 기억된 값은 프로시저가 종료되어도 다른 프로시저에서 사용할 수 있다.

여기에서 말하는 프로시저, 모듈, 프로젝트라는 용어는 비주얼베이직 실습을 통해 자연스럽게 습득하게 될 것이다.

2) 상수

상수란 프로그램 전반에 걸쳐서 바뀌지 않는 값을 말한다. 즉 변수를 하나 선언하여 값을 미리 지정해 주는 것이다.

```
Const Running = 42.195
```

즉, 이것은 "Running"이라는 이름을 갖는 상수를 정의하여, 42.195의 값을 넣으라는 의미이다.

프로그램에서 "Running"이라는 변수가 수식에 쓰인다면, 그 값은 항상 동일하게 42.195가 되는 것이다.

02 주석과 공백

1) 주석

주석(comment)이란 무엇일까? 주석은 비주얼베이직 .NET 컴파일러에 의해 무시되는 부분으로, 여러분이 코드의 이해를 돕기 위해 필요한 부분마다 입력할 수 있는 일종의 참조 설명이다. 즉, 여러분들 눈에는 보이지만, 컴파일러는 인식하지 못하는 부분이라고 할 수 있다.

주석은 코드의 주요 부분을 강조하거나, 다른 사람이 쉽게 코드를 이해할 수 있도록 하거나, 시간이 흐른 뒤 코드를 다시 볼 때 원하는 부분을 쉽게 찾을 수 있도록 하기 위해 사용한다.

비주얼베이직 .NET 뿐만 아니라 모든 언어는 주석을 지원한다. 하지만 어떤 언어를 사용하느냐에 따라 사용방법은 조금씩 다르다. 예를 들면, C#에서는 " // "을 사용하여 주석의 시작을 표시하지만, 비주얼베이직 .NET에서는 "' " 를 사용한다.

앞에 변수의 예를 설명한 프로그램을 이용하여, 주석의 쓰임새를 보도록 하겠다.

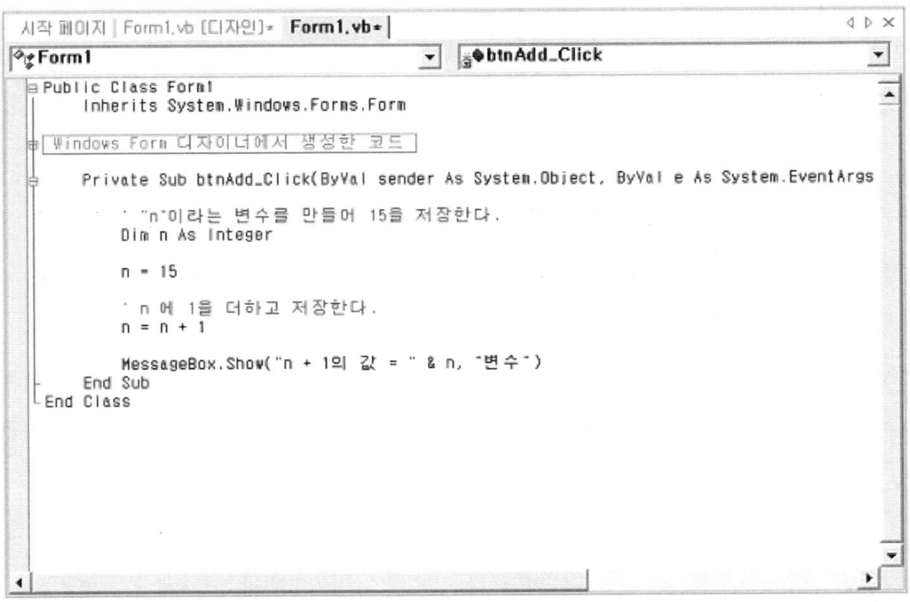

직접 주석을 추가하면서 확인해 보자. 주석은 다른 코딩된 문자들과 달리 초록글자로 표시되는 것이 보일 것이다.

2) 공백

공백은 코드를 읽기 쉽도록 만드는 데 사용되는 또 하나의 중요한 요소이다. 위의 예를 보면 각 주석 전에 빈 라인을 넣은 것이 보일 것이다. 이것은 각 코드를 블록 단위로 나누어 알아보기 쉽게 하기 위한 것이다.

03 데이터 형

변수를 사용할 때는 그 변수에 어떤 종류의 값을 넣을 것인지를 따져보아야 한다. 변수의 종류에는 정수뿐만 아니라, 실수, 문자열 등도 있다.

1) 정수(Integer, Long)

정수는 수학적인 계산에는 잘 사용되지 않는다. 예를 들어, 100m 달리기 기록을 저장하고 계산할 때에는 정수를 사용하는 것은 적절치 않다. 이러한 계산들은 소수점 아래의 숫자가 등장하므로 정수보다는 실수를 사용하는 것이 좋다.

그러나 간단한 계산에는 실수보다는 정수를 사용하는 편이 훨씬 간단하고 편리하다. 데이터 형을 정수로 선언해야 컴퓨터의 메모리를 적게 잡아서 계산이 더 빠르기 때문이다.

실습 예제

1. 도구 모음에서 버튼 컨트롤을 선택하여 버튼 하나를 그린다. Name 속성은 "btnIntResult"로 Text 속성은 "계산테스트"라고 설정한 다음, 버튼을 더블클릭하여 다음과 같은 코드를 추가한다.

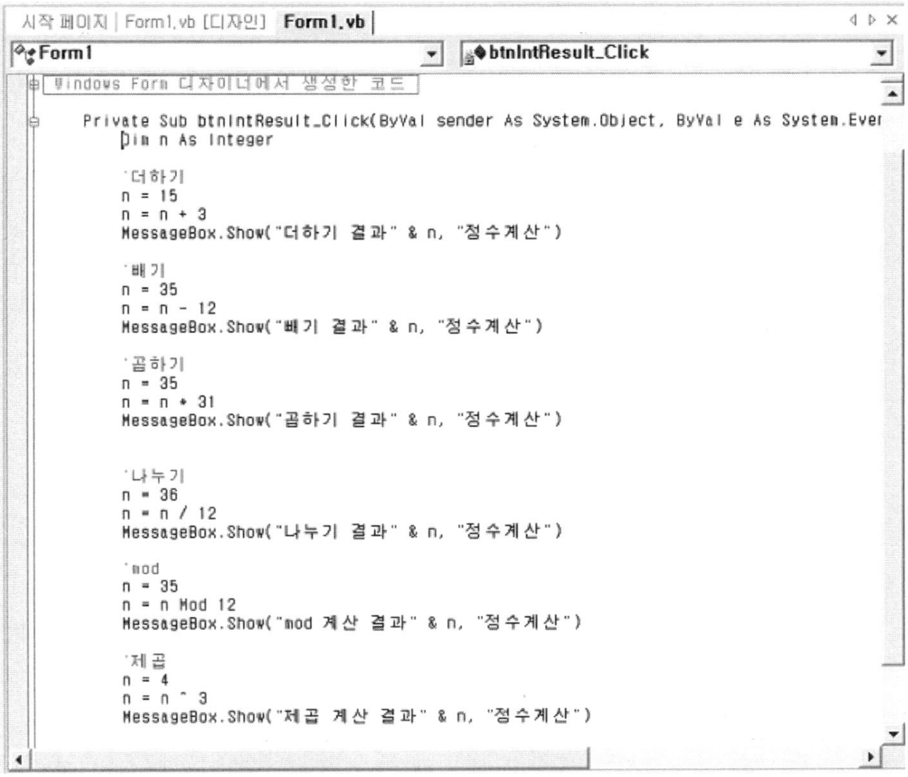


```
Windows Form 디자이너에서 생성한 코드

    Private Sub btnIntResult_Click(ByVal sender As System.Object, ByVal e As System.Ever
        Dim n As Integer

        '더하기
        n = 15
        n = n + 3
        MessageBox.Show("더하기 결과" & n, "정수계산")

        '빼기
        n = 35
        n = n - 12
        MessageBox.Show("빼기 결과" & n, "정수계산")

        '곱하기
        n = 35
        n = n * 31
        MessageBox.Show("곱하기 결과" & n, "정수계산")


        '나누기
        n = 36
        n = n / 12
        MessageBox.Show("나누기 결과" & n, "정수계산")

        'mod
        n = 35
        n = n Mod 12
        MessageBox.Show("mod 계산 결과" & n, "정수계산")

        '제곱
        n = 4
        n = n ^ 3
        MessageBox.Show("제곱 계산 결과" & n, "정수계산")
```

2. 프로젝트를 실행하고 "계산테스트" 버튼을 클릭해 본다.

버튼을 누를 때 마다, 아래와 같은 메시지 박스를 하나씩 볼 수 있을 것이다.

V_비주얼베이직의 기초

2) 실수(Float, Double)

대부분의 수학적인 계산에는 소수점 아래의 숫자가 포함되어 있기 때문에, 보통 실수 형을 사용하는 것이 자연스러운 표현이다.

실습 예제

1. 새로운 프로젝트를 만들고, 폼에 버튼을 하나 생성한다.
   Text 속성에는 "실수 계산 테스트"라고 설정하고, Name 속성은 "btnFloatResult"으로 설정한다.

2. 버튼을 더블클릭하여, 다음과 같이 코드를 추가한다.

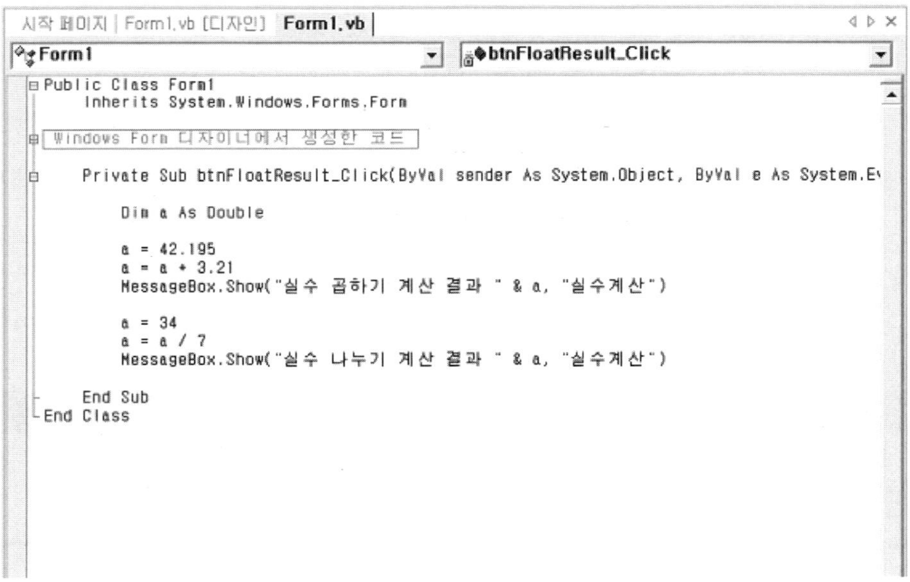

3. 프로젝트를 실행하고 "실수계산테스트" 버튼을 클릭해 본다.
   버튼을 누를 때 마다, 아래와 같은 메시지 박스를 하나씩 볼 수 있을 것이다.

3) 문자열(String)

문자열(string)은 큰따옴표로 둘러싼 상태로 사용되는 문자열들의 형식을 말한다. 문자열은 보통, 사용자에게 정보를 제공하거나, 프로그램 내에서 이후에 사용할 정보를 저장하는 용도로 사용되기도 한다.

실습 예제

1. 새로운 프로젝트를 만들고, 폼에 버튼을 하나 생성한다.
   Text 속성에는 "문자열 사용 테스트"라고 설정하고, Name 속성은 "btnString"으로 설정한다.

2. 버튼을 더블클릭하여, 다음과 같이 코드를 추가한다.

```
시작 페이지 | Form1.vb [디자인] Form1.vb
Form1                    btnString_Click

Public Class Form1
    Inherits System.Windows.Forms.Form

[Windows Form 디자이너에서 생성한 코드]

    Private Sub btnString_Click(ByVal sender As System.Object, ByVal e As System.EventA

        Dim s_1 As String
        s_1 = "안녕하세요."

        Dim s_2 As String
        s_2 = "내 이름은   "

        Dim s_3 As String
        s_3 = "홍길동 입니다."

        '최종 문자열 결합
        Dim s As String
        s = s_1 & s_2 & s_3

        '결과 출력
        MessageBox.Show(s, "문자열")

    End Sub
End Class
```

3. 프로젝트를 실행하고 “문자열 사용 테스트” 버튼을 클릭해 보자.

버튼을 누르면, 아래와 같은 메시지 박스 결과를 볼 수 있을 것이다.

04 산술 연산자

산술 연산자라는 것은 쉽게 생각하여, 사칙 연산을 하는 기호들을 말한다.

연산기호	기능	연산기호	기능
+	더하기	/	나누기
–	빼기	mod	나머지
*	곱하기	^	제곱

산술 연산자도 전혀 어려울 것이 없다. 다만, “mod” 연산자와 “^” 연산자가 생소할지도 모른다. mod 연산자는 나눗셈을 하고 난 후의 나머지를 나타내라는 연산자이다. 예를 들어 “7 mod3”의 결과는 7 나누기 3은 2 나머지 1이 되므로 1이 된다. 또한 “4^2”의 결과는 제곱을 하라는 것이다. 따라서 결과 값은 16이 된다.

산술 연산자 사용에 대한 예제는 위의 정수, 실수 계산 테스트 예제를 보면 이해가 될 것이다.

05 폼 · 모듈 추가하기

프로그램을 작성하다 보면, 작성하고 있는 폼이나 모듈 이외에 새로운 폼이 필요할 경우가 생긴다. 이럴 경우에는 간단하게 폼이나 모듈 등을 추가할 수가 있다.

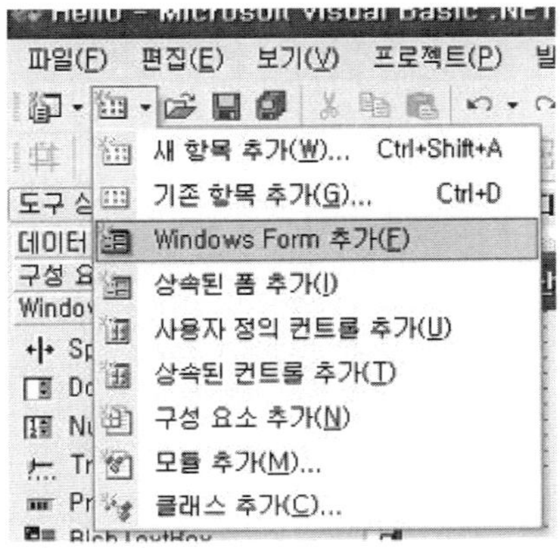

위에 보이는 그림과 같이 아이콘을 누르면 여러 가지 추가 항목들이 나타난다. 폼 추가를 원할 때는 "Windows Form 추가"를 선택하거나, 모듈 추가를 원할 때는 "모듈 추가"를 선택하면 간단하게 추가할 수 있다.

02 내장함수

01 수치관련 함수

함수	함수값
Int(a)	a를 넘지 않는 최대정수
Fix(a)	a의 정수 부분
Abs(a)	a의 절대 값
Round(a, 자릿수)	a값을 설정된 자릿수까지 반올림하여 표현
Sqr(a)	a의 제곱근
Rnd	0 ~ 0.9999...사이의 난수
Sin(a)	a의 사인 값
Cos(a)	a의 코사인 값
Tan(a)	a의 탄젠트 값
Log(a)	log a의 값

02 문자열 관련 함수

함수	함수값
LCase(문자열)	문자열의 영어 대문자를 모두 소문자로 바꾼 값
UCase(문자열)	문자열의 영어 소문자를 모두 대문자로 바꾼 값
Left(문자열, n)	문자열의 왼쪽 n문자(바이트)
Right(문자열, n)	문자열의 오른쪽 n문자
Mid(문자열, m, n)	문자열의 m번째 이후 n문자, n을 생략하면 m번째 이후 모든 문자
LTrim(문자열)	문자열의 왼쪽의 공란을 잘라 없앤 값
RTrim(문자열)	문자열의 오른쪽의 공란을 잘라 없앤 값
Trim(문자열)	문자열의 왼쪽과 오른쪽의 공란을 잘라 없앤 값
Len(문자열)	문자열의 길이(바이트 수)
InStr([n,] 문자열1, 문자열2)	문자열의 n번째 문자 이후에 [문자열2]가 포함되어 있는 위치, 포함되어 있지 않으면 0

03 날짜 / 시간 / 변환 함수

함수	함수 값	비고
현재	컴퓨터 시스템 날짜	
Time	현재 컴퓨터 시스템 시간	〈연/월/일〉 형식
Now	현재의 컴퓨터 시스템 날짜와 시간	

실습 예제

1. 새로운 프로젝트를 만들고, 폼에 버튼을 하나 생성한다.
   Text 속성에는 "날짜 출력하기"라고 설정하고, Name 속성은 "btnDate"로 설정한다.

2. 버튼을 더블클릭하여, 다음과 같이 코드를 추가한다.

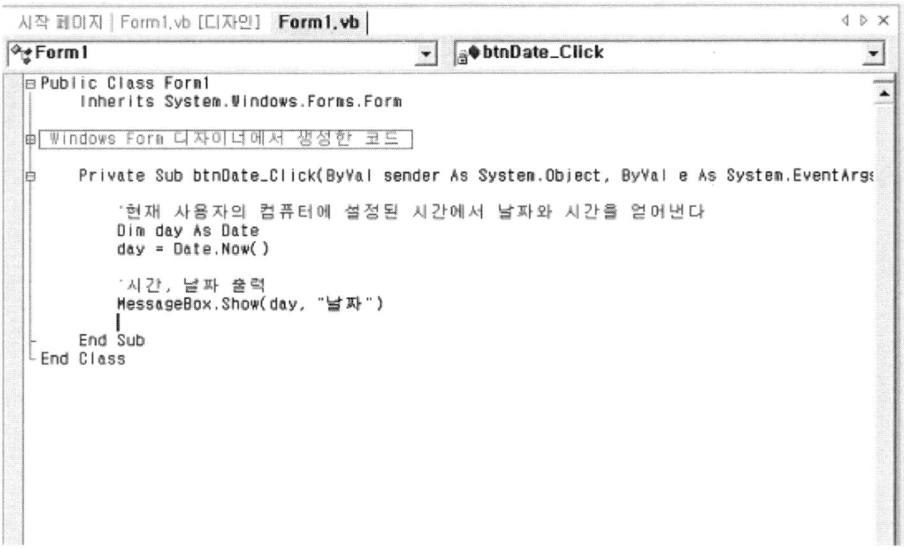

3. 프로젝트를 실행하고 “날짜 출력하기” 버튼을 클릭해 본다.

버튼을 누르면, 아래와 같은 메시지 박스 결과를 볼 수 있을 것이다.

03 활용하기

비주얼베이직이 빠르게 보급된 이유 중 가장 큰 이유는 사용자가 인터페이스를 구성하는 과정이 매우 편리하기 때문이다. 윈도우즈 애플리케이션(사용자가 사용하는 윈도우즈 프로그램)의 기본 재료라고 볼 수 있는 창을 만들고, 버튼을 만들고, 텍스트, 레이블 등을 만들기 위해 수천 라인의 코드를 작성하는 대신 간단히 컨트롤을 이용해 화면에 직접 창을 그려낼 수 있다.

비주얼베이직에서 창은 "폼"이라고 부른다. 지금까지 여러 단원에서 진행하는 동안 계속해서 이들 폼을 이용해 왔지만 내부의 코드에만 초점을 맞추었을 뿐, 폼 자체에 대해서는 크게 신경 쓰지 않았다.

이 단원에서는 "윈도우 폼"에 대해 좀더 자세히 살펴보고, 비주얼베이직 .NET을 이용해 하나의 완전한 윈도우즈 애플리케이션을 개발하는 과정을 설명하도록 하겠다.

이 단원에서는

- ⊙ 버튼, 텍스트 박스, 라디오 버튼과 같은 기능을 어떻게 추가하는지 알아보고,
- ⊙ 간단한 도구 모음을 만들고 이벤트에 반응하도록 코딩하고
- ⊙ 윈도우 폼 애플리케이션 내에 부가적인 폼을 만들어 본다.

01 폼 다루기 - 버튼 이벤트

윈도우 폼을 이용한 사용자 인터페이스 구성에서 가장 중요한 것은 이벤트(버튼 클릭과 같은)에 반응하는 것이다. 여러분도 알고 있는 것처럼 폼을 구성하는 과정은 디자이너라 불리는 빈 창에 마우스를 이용해 컨트롤을 그리는 과정이다. 각각의 컨트롤들은 이벤

트가 발생했을 때 이를 알리는 능력을 가지고 있다. 예를 들어, 프로그램을 실행하고 폼에 그려 넣은 버튼을 클릭하면, 버튼은 "내가 지금 클릭되었어~"라고 말한다. 그리고 이 이벤트에 반응하는 코드를 실행할 수 있는 기회를 제공해 주는 것이다.

이벤트의 개념을 확인하는 가장 좋은 방법은 버튼의 이벤트를 살펴보는 것이다. 가장 대표적인 것으로는 버튼을 클릭할 때마다 생기는 Click 이벤트가 있다.

실습 예제를 통해, 버튼 이벤트에 대해 자세히 알아보자.

실습 예제

1. 비주얼 스튜디오 .NET을 시작하고 [파일]-[새로 만들기]-[프로젝트]를 선택한다. 새 프로젝트의 이름은 "이벤트"라고 지정한다.

2. 속성 창에서 Form1의 Text 속성을 "이벤트 자세히 알아보기"로 변경한다.

3. 도구 모음에서 버튼 컨트롤을 선택하고, 폼에 버튼을 그려 넣는다.
   버튼의 Text 속성은 "나를 클릭해봐~"로 변경하고, Name 속성은 "btnClickMe"로 지정한다.

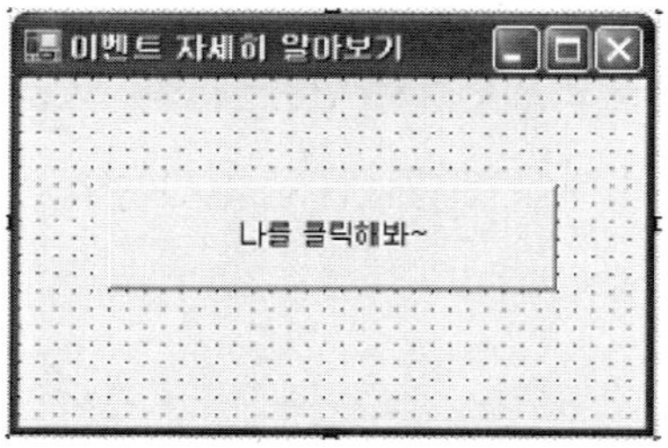

4. 버튼을 더블클릭하여 다음과 같이 코드를 추가한다.

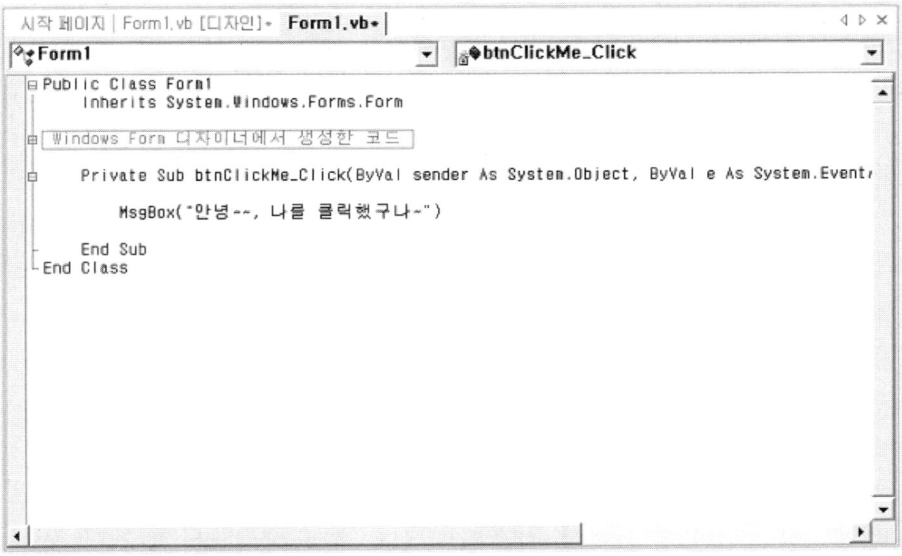

5. 코드 창 왼쪽의 "Form1" 이라고 쓰여 있는 드롭다운 리스트(▼)를 클릭해 보자.

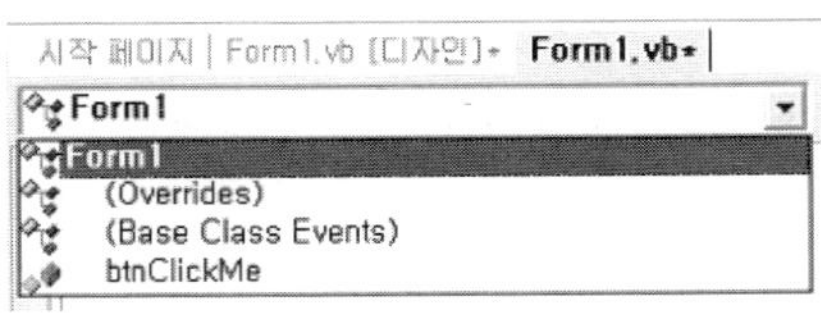

Form1 아래에 있는 세 개의 항목들이 조금씩 들여쓰기가 되어있다. 리스트의 항목들(Overrides, Base Class Events), 그리고 "btnClickMe"가 Form1에 연결되어 있다는 것을 알려주는 것이다. "btnClickMe"을 Form1의 멤버라고 하며, 폼에 다른 멤버들을 추가하면 이 리스트에 나타나게 되는 것이다.

6. 이제는 코드 창의 오른쪽의 드롭다운 리스트도 살펴보자. 이를 선택하면 다음과 같은 항목들이 보인다.

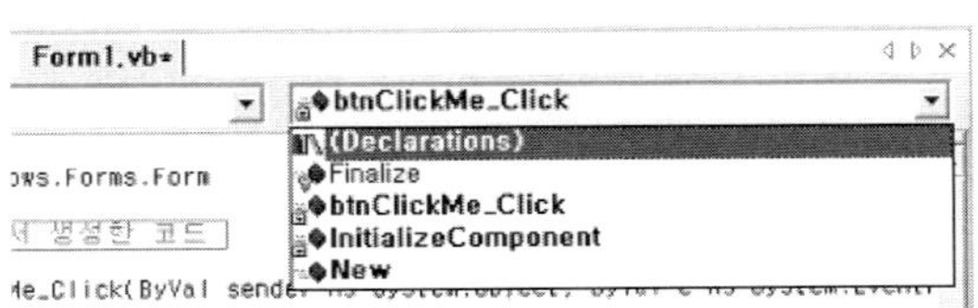

오른쪽 리스트에 나타나는 항목들은 왼쪽에 선택된 항목에 따라 달라지게 된다. 오른쪽의 리스트는 왼쪽의 리스트에서 선택된 것과 관련된 항목들을 선택할 수 있도록 해 주는 것이다. 이것은 우리가 클래스에 추가한 메서드와 속성들을 보여주고 있다. 그럼 각 항목에 대해 자세히 알아보자.

"Declarations" 항목은 클래스의 상단으로 이동하여 클래스 선언을 변경하고 멤버 변수를 추가할 수 있도록 해준다.

"Finalize" 항목은 다른 항목에 비해 희미하다. 이렇게 굵지 않는 글씨로 보인다면, 이 항목은 실제로 존재하지 않는다는 의미이다. 하지만, 이 객체를 선택하면 비주얼베이직 .NET은 선택한 함수의 선언을 만들어 준다. 따라서 이 경우에 "Finalize" 항목을 선택한다면, 비주얼베이직 .NET은 Finalize라는 새로운 메서드를 만들고 이를 클래스에 추가한다.

또한 각 항목들 왼쪽에 작은 아이콘을 볼 수 있다. 여러분은 이 아이콘을 통해 해당 항목이 무엇인지를 알 수가 있다.
보라색의 작은 사각형은 메서드를, 작은 파란색 사각형은 멤버를, 네 개의 책이 세워져 있는 모양은 라이브러리를, 세 개의 사각형이 합쳐져 있는 모양은 클래스를 나타낸다.

이것 이외에도 비주얼베이직 .NET은 또한 이들 아이콘들을 다른 아이콘들을 다른 아이콘으로 꾸며 이들이 정의된 방법을 보여준다.
예를 들어보자.
Finalize 메서드에는 작은 열쇠가 보인다. 이것은 이 메서드가 private라는 것을 보여준다. 작은 열쇠 대신 자물쇠 아이콘이 보인다면 이것은 protected라는 것을 나타내는 것이다.

한꺼번에 설명이 되어있어서 어렵게 느껴질 것이다. 지금 당장 이 아이콘들을 모두 외우는 것이 중요한 것은 아니다. 그렇지만, 비주얼베이직 .NET은 이것들을 일관성 있게 표현해 주므로, 이것들을 잘 알고 있다면, 비주얼베이직 .NET에서 어떤 일들이 일어나고 있는지 더 잘 이해할 수 있을 것이다.

7. 왼쪽 리스트에서 "btnClickMe"를 선택하고 오른쪽 리스트를 클릭한다.

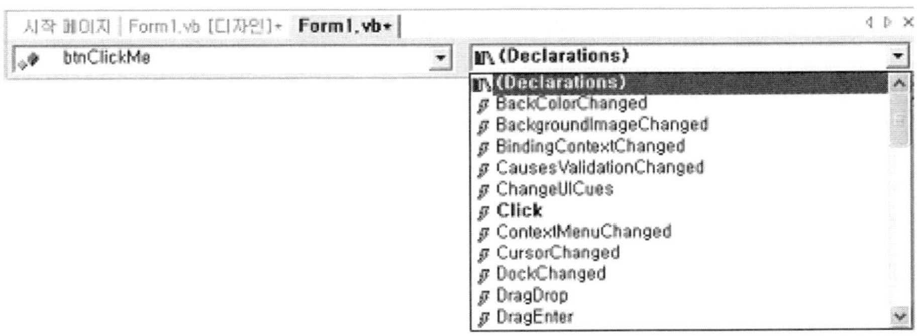

왼쪽의 리스트에 "btnClickMe"가 선택되어 있으므로 오른쪽의 리스트는 선택된 컨트롤에 관련된 항목들만 보여준다. 이들 이벤트 중에서 "Click"은 굵은 글씨로 보인다. 이것은 우리가 이 이벤트에 대한 정의를 제공해 주었기 때문이다. "Click" 항목을 선택하면, Form1 내의 해당하는 이벤트 핸들러 메서드로 바로 이동할 수 있다.

8. 이제 버튼 컨트롤에 다른 이벤트 핸들러를 추가하려고 한다. 왼쪽 리스트에서 "btnClickMe"가 선택되어진 상태에서, 오른쪽 리스트의 "MouseEnter" 항목을 선택한다. 새로운 이벤트 핸들러가 만들어지는 것이 보일 것이다. 새로 만들어진 이벤트 핸들러에 아래와 같이 코드를 추가해 본다.

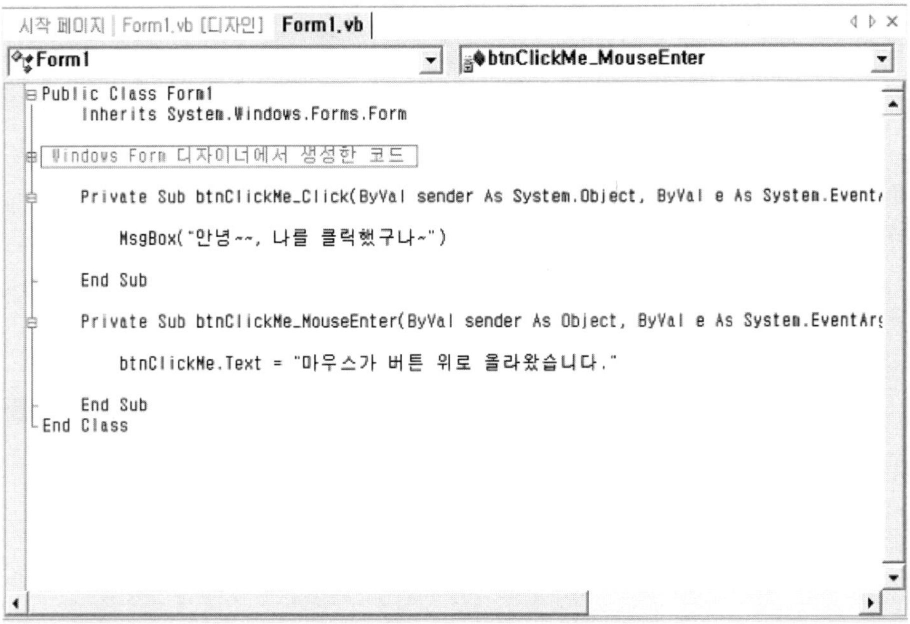

"MouseEnter" 이벤트는 마우스 포인터가 컨트롤 안쪽으로 들어올 때마다 발생한다. 자동으로 컨트롤의 경계선을 넘을 때 발생하는 것이다.

9. 실습 예제를 완성하기 위해 다른 이벤트를 추가하려고 한다. 버튼 위로 마우스가 올라올 때 메시지가 보이도록 했으니까, 반대로 마우스가 버튼 밖으로 벗어날 경우에도 메시지가 보이면 좋을 것이다.
   왼쪽 리스트에 "btnClickMe"가 선택된 상태에서, 오른쪽 리스트의 "MouseLeave" 항목을 선택한다. 이번에도 역시 새로운 이벤트 핸들러가 만들어 진다. 해당하는 이벤트 핸들러에 아래와 같이 코드를 추가한다.

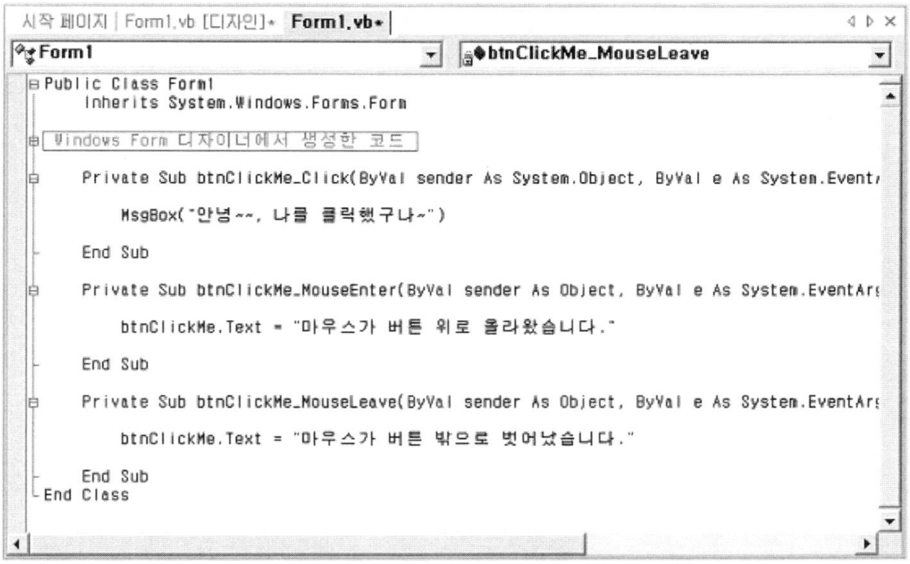

"MouseLeave" 이벤트는 마우스 포인터가 컨트롤 밖으로 이동할 때 발생한다.

10. 프로젝트를 실행하여, 버튼 주위로 마우스 포인터를 이동하여 버튼에 쓰여 있는 텍스트가 변하는 것을 확인해 볼 수 있다.

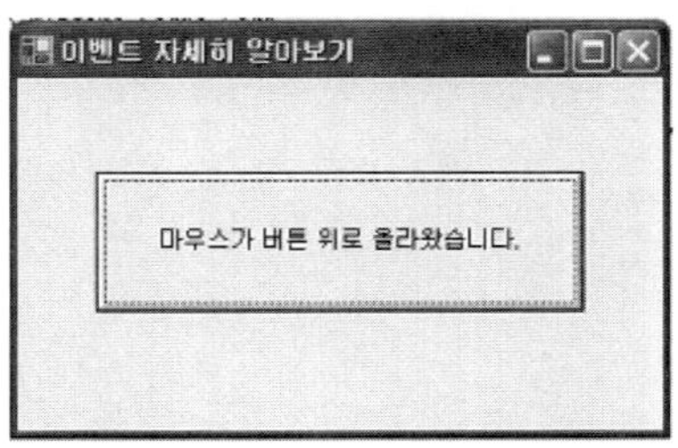

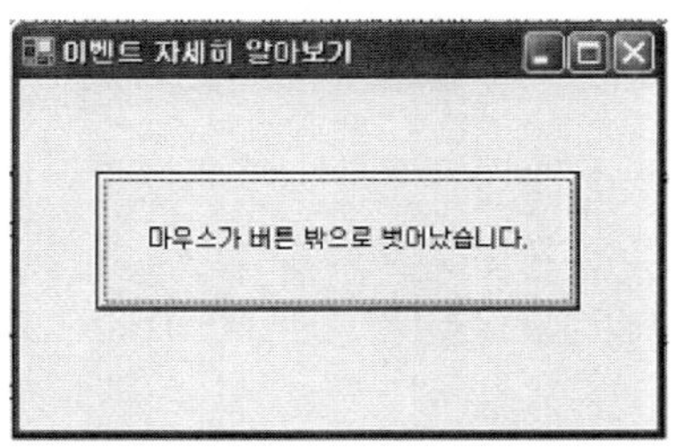

예제설명

우리가 이용하는 대부분의 컨트롤들은 많은 수의 이벤트들을 가지고 있지만, 모두 다 사용하는 것은 아니다. 버튼 컨트롤의 경우 Click 이벤트를 가장 많이 이용한다.

비주얼베이직 .NET은 자동으로 컨트롤의 이벤트 핸들러를 만드는 기능을 가지고 있다. 이 기능은 여러분들이 직접 코드를 모두 입력하는 수고를 덜어주게 되므로, 많은 도움이 될 것이다.

영재를 위한 프로그래밍 교육론

6장 비주얼베이직에서 쓰이는 조건 · 반복 구문

A PROGRAMME FOR THE TALENT

여러 가지 상황에서 우리는 어느 한 가지를 선택해야 할 경우가 있다.

예를 들어, 학교에서 숙제를 제출한 학생들에게는 선생님이 상을 주고, 숙제를 제출하지 않은 학생들에게는 벌을 주려고 하는 상황이 있다면, 숙제를 제출한 학생과 제출하지 않은 학생들을 구별해 내는 과정이 필요하다.

이처럼 여러 상황 중 하나에 속하도록 구별할 때에 조건문이 사용되는 것이다.

이렇게 상황의 흐름을 제어하기 위해 사용되는 것을 제어문이라고 하는데, 제어문의 종류에는 대표적으로 If 문, For 루프 구문, Select Case 문, Do 루프 구문 등이 있다.

그럼, 지금부터 하나씩 알아보도록 하자.

01 IF 문

01 If 문

실습 예제

1. 버튼 컨트롤을 이용해 버튼을 하나 만들고 Text 속성에는 "IF 문 연습", Name 속성에는 "btnIf"라고 설정한다.

2. 버튼을 더블클릭하여, 다음과 같이 코딩을 한다.

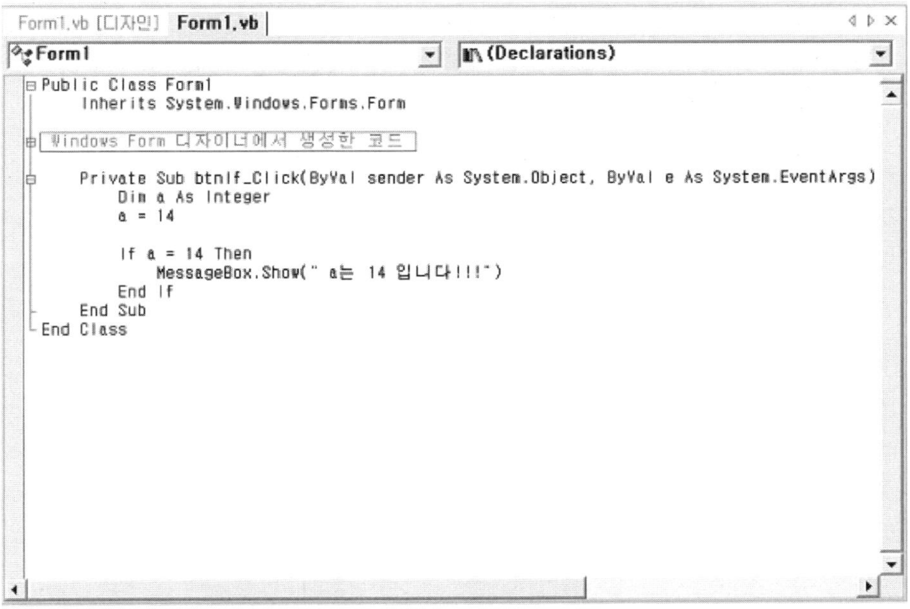

a라는 하나의 변수를 선언하여 14라고 값을 지정한 후, If 문을 통해 그 값이 지정해 준 값 14가 맞으면 메시지 박스를 통해 맞음을 확인하는 프로그램이었다. 다음과 같은 결과가 보일 것이다.

02 Else 문

실습 예제

위의 If 문 예제와 이어서 알아보도록 한다.

아래와 같이 코드를 추가하여 본다.

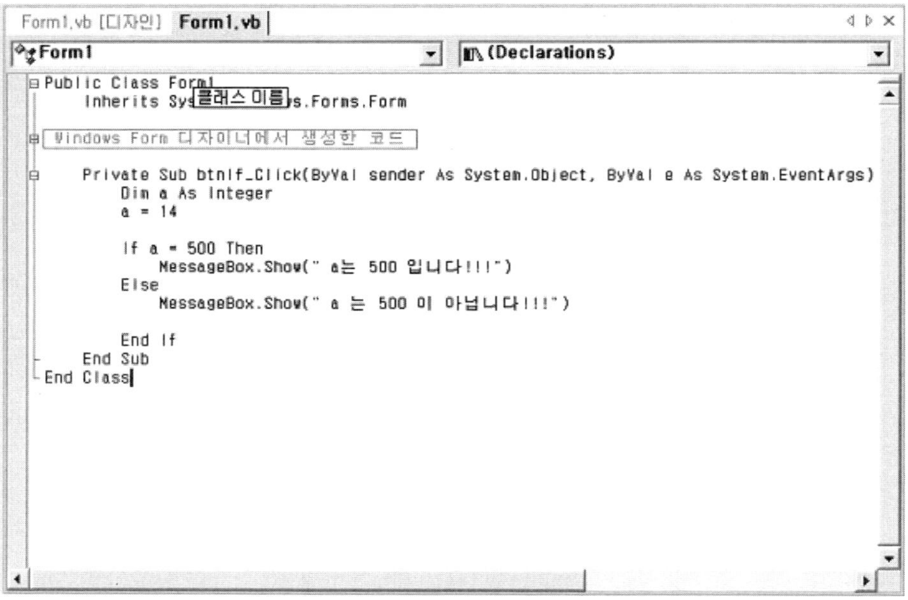

a라는 변수를 하나 선언하여 14라고 값을 지정한 후, 500과 비교하여 그 값이 맞는지 아닌지를 알아보는 프로그램이다.

이미 a를 14라고 값을 지정해 주었기 때문에 If 문에서 a가 500과 같은가 비교하는 것은 맞지 않다.

위의 If 구문은 a가 500과 값이 일치하면 "a는 500입니다."라는 메시지를 보내고, 그렇지 않으면 "a는 500이 아닙니다."라는 메시지를 보이라는 뜻이다.

이렇게 직접 해 보면, 별로 어렵지 않을 것이다.

그렇다면, 이 코딩의 결과는 어떻게 될까? 결과가 아래와 같다면 잘 따라오고 있는 것이다.

03 ElseIf 문

실습 예제

위의 예제에 계속 이어서 알아보겠다.

아래와 같이 코드를 더 추가해 보도록 한다.

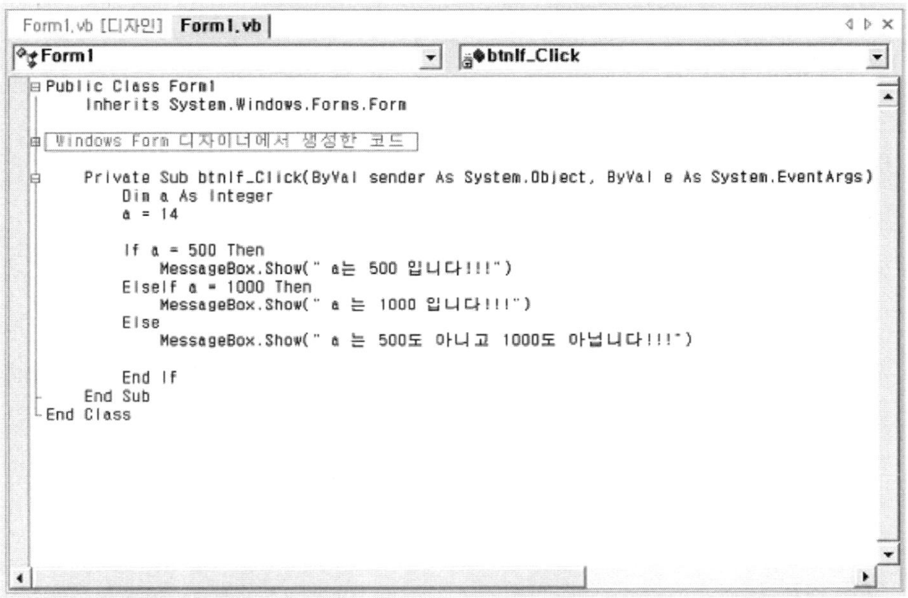

```
Form1.vb [디자인]  Form1.vb
Form1                btnIf_Click

Public Class Form1
    Inherits System.Windows.Forms.Form

Windows Form 디자이너에서 생성한 코드

    Private Sub btnIf_Click(ByVal sender As System.Object, ByVal e As System.EventArgs)
        Dim a As Integer
        a = 14

        If a = 500 Then
            MessageBox.Show(" a는 500 입니다!!!")
        ElseIf a = 1000 Then
            MessageBox.Show(" a 는 1000 입니다!!!")
        Else
            MessageBox.Show(" a 는 500도 아니고 1000도 아닙니다!!!")

        End If
    End Sub
End Class
```

이미 선언한 14라는 값을 가지고 있는 변수 a가 500과 같으면 "a는 500입니다."라는 메시지를, 1000과 같으면 "a는 1000입니다."라는 메시지를, 그렇지 않으면 "a는 500도 1000도 아닙니다."라는 메시지를 보이라는 의미이다.

그렇다면, 어떤 결과가 나와야 할까?

위와 같은 결과가 나오게 된다.

Ⅵ_비주얼베이직에서 쓰이는 조건 · 반복 구문

04 관계 연산자

지금까지는 If 문을 통해 변수의 값이 비교하는 값과 일치하는지를 판단해 보았다. 하지만 If 구문에 사용할 수 있는 조건은 단지 이것 뿐 만이 아니다. 다음과 같은 질문들이라면 모두 If 문에 사용할 수 있다.

- ⊙ a는 5보다 큰가?
- ⊙ a는 10보다 작은가?
- ⊙ a는 5보다 크거나 같은가?
- ⊙ a는 10보다 작거나 같은가?
- ⊙ a는 15와 같지 않은가?

이처럼 "크다", "작다", "크거나 같다", "작거나 같다", "같지 않다"와 같은 비교를 할 수 있는 연산자를 관계 연산자라고 한다.

몇 가지 실습 예제를 통해 관계 연산자의 쓰임에 대해 알아보겠다.

실습 예제 1

1. 새로운 프로젝트를 하나 만든다.

2. 컨트롤을 이용해 텍스트 박스 하나와 버튼을 하나 만든다.
   텍스트박스의 Name 속성을 "txtInput"로, Text 속성은 지운다.
   버튼의 Text 속성은 "결과보기"로, Name 속성은 "btnResult"로 설정한다.
   버튼을 더블클릭한 후, 아래와 같이 코드를 추가하자.

```
Public Class Form1
    Inherits System.Windows.Forms.Form

[Windows Form 디자이너에서 생성한 코드]

    Private Sub btnResult_Click(ByVal sender As System.Object, ByVal e As System.EventA

        Dim a As Integer
        Try
            a = txtInput.Text
        Catch
        End Try

        If a = 27 Then
            MessageBox.Show("입력한 수는 27입니다", "산술연산자")
        ElseIf a > 27 Then
            MessageBox.Show("입력한 수는 27보다 큽니다", "산술연산자")
        Else
            MessageBox.Show("입력한 수는 27보다 작습니다", "산술연산자")
        End If
    End Sub
End Class
```

크다, 작다, 같다는 의미를 하는 관계연산자의 쓰임이 눈에 보일 것이다. 이 코딩의 결과는 다음과 같다.

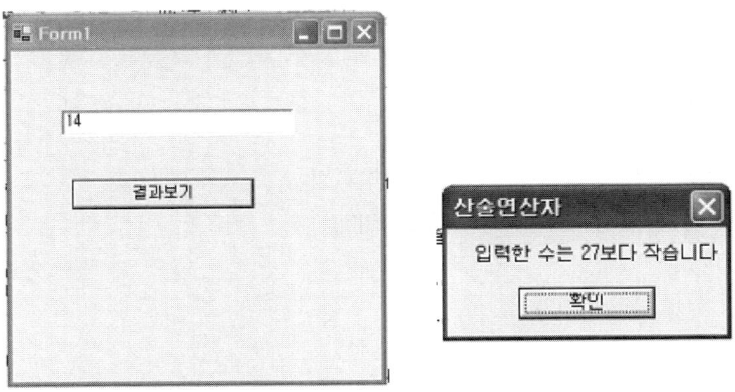

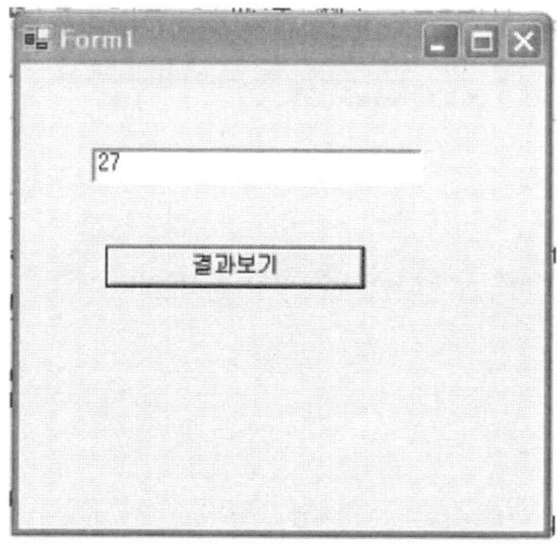

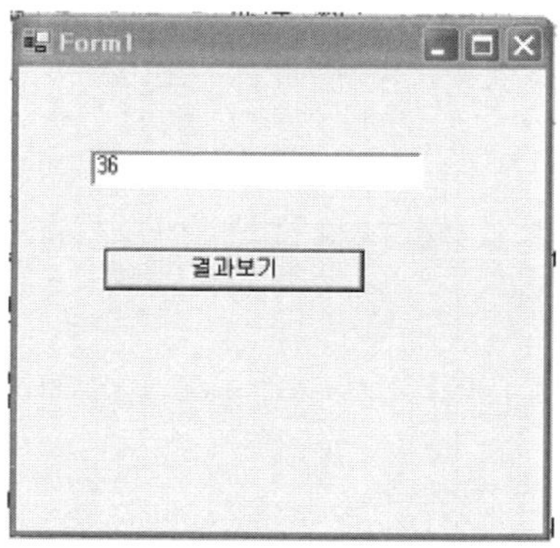

실습 예제 2

1. 실습 예제 1에서 쓰인 폼을 그대로 사용한다.
   코딩 부분만 아래와 같이 수정하도록 한다.

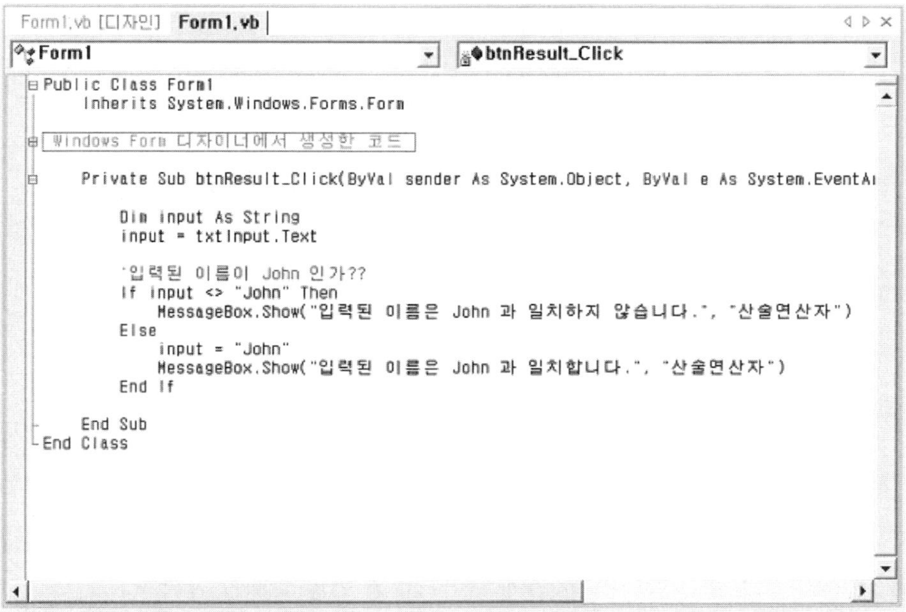

이름을 입력 받아, 기존에 지정되어 있는 "John"이라는 이름과 일치하는가의 여부를 따져보는 조건문이다.

직접 이름을 입력해 보자.

다음과 같은 결과가 나올 수 있다.

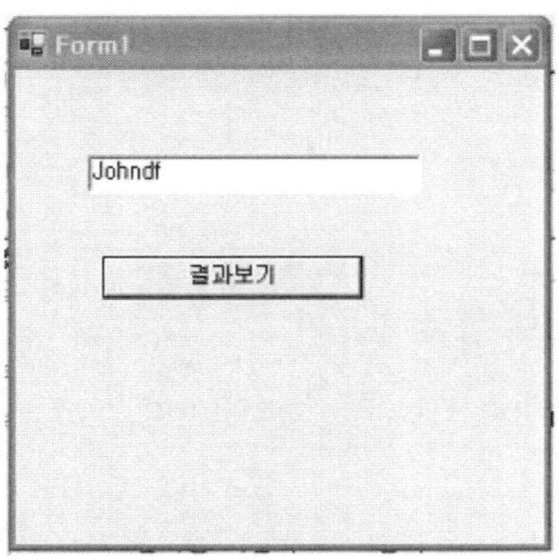

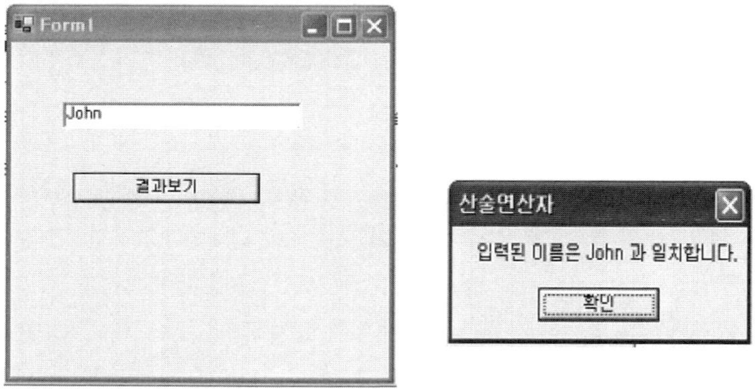

05 And 연산자, Or 연산자

하나 이상의 조건을 결합하여 한 번에 알아보려면 어떻게 해야 할까?

지금까지는 입력한 수와 미리 지정되어 있는 수를 한 번씩 비교했지만, “x가 23보다 크고, 35보다는 작다”라는 조건이 있을 경우에는 어떤 방법을 쓰면 될까? 또는, 학교에서 “김씨 또는 최씨인 성을 가진 학생들”만 가려내기를 원할 경우 어떻게 해야 할까?

이처럼 한 개 이상의 조건을 If 구문 내에서 결합할 경우에, And 연산자와 Or 연산자를 사용한다.

간단한 실습 예제를 직접 해 보면서 익혀본다.

실습 예제

1. 텍스트 박스 2개와 버튼 1개를 이용하여 폼을 만든다.
   텍스트 박스의 Name 속성은 “txtName_1”으로, “txtName_2”로 각각 변경한다.
   그리고 Text 속성은 모두 지워준다.
   버튼의 Name 속성은 “btnResult”로, Text 속성은 “결과보기”로 변경한다.

2. 버튼을 더블클릭 한 후, 다음과 같이 코드를 수정한다.

```
Form1.vb [디자인]  Form1.vb
Form1                                btnResult_Click

Public Class Form1
    Inherits System.Windows.Forms.Form

 Windows Form 디자이너에서 생성한 코드

    Private Sub btnResult_Click(ByVal sender As System.Object, ByVal e As System.EventA
        Dim name1 As String, name2 As String
        name1 = txtName_1.Text
        name2 = txtName_2.Text

        '둘 중에 홍길동 이라는 이름이 있는가?
        If name1 = "홍길동" Or name2 = "홍길동" Then
            MessageBox.Show("홍길동을 찾았습니다.", "and, or 연산자")
        Else
            MessageBox.Show("홍길동을 찾지 못했습니다.", "and, or 연산자")
        End If
    End Sub
End Class
```

텍스트 박스에 각각 이름을 입력받아 둘 중에 어느 하나라도 "홍길동"이라는 이름과 일치하는 것이 있는가를 테스트 해 보는 프로그램이다.

다음과 같은 결과가 나온다.

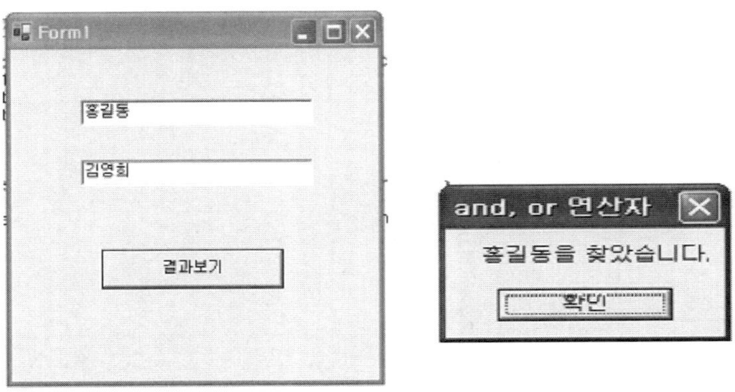

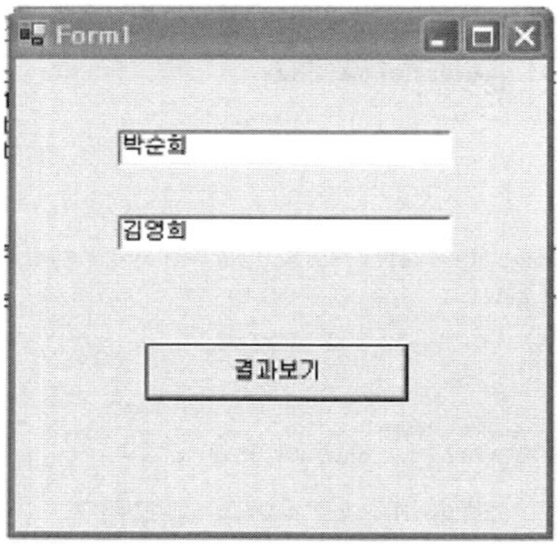
Form1
박순희
김영희
결과보기

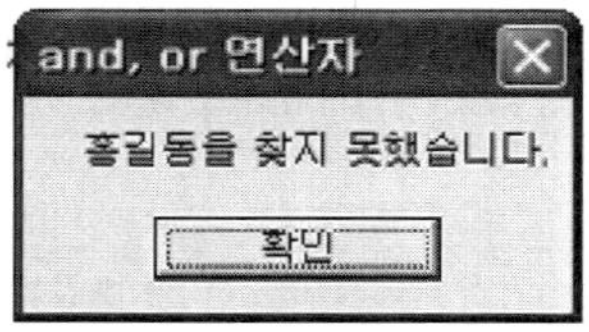
and, or 연산자
홍길동을 찾지 못했습니다.
확인

02 Select Case 문

우리 반 학생들에게만 생일초대를 하려고 한다. 그러면, 각각의 친구 이름들을 생각해 보자.

⊙ "김영희"가 우리 반 친구인가? 그렇다면 조건을 실행한다.

⊙ "김한울"이 우리 반 친구인가? 그렇다면 조건을 실행한다.

⊙ "박혜인"이 우리 반 친구인가? 그렇다면 조건을 실행한다.

⊙ "김미정"이 우리 반 친구인가? 그렇다면 조건을 실행한다.

물론 이러한 모든 조건들을 If 구문을 사용하여 코드를 만들 수도 있다.

```
If MyFriend.Name = "김영희" Then
(실행)
If MyFriend.Name = "김한울" Then
(실행)
ElseIf MyFriend.Name = "박혜인" Then
(실행)
ElseIf MyFriend.Name = "김미정" Then
(실행)
End If
```

하지만 비교해야 할 내용이 MyFriend.Name에서 MyFriend.FirstName 으로 변경된다면 어떻게 해야 할까? 각각의 조건들을 모두 수정해야 할 것이다. 또한 조건과 일치하지 않는 이름이 있을 경우, 위의 모든 If 구문이 실행되어야 하므로 비효율적이다.

이럴 경우, 효율적인 방법이 있다.

실습 예제를 통해 알아보도록 하겠다.

실습 예제

1. 도구모음에서 리스트 박스를 그린 후, Name 속성을 "lstData"로 설정하고, IntergralHeight 속성을 "false"로, Anchor 속성을 "Top, Bottom, Left, Right"로 각각 설정한다.

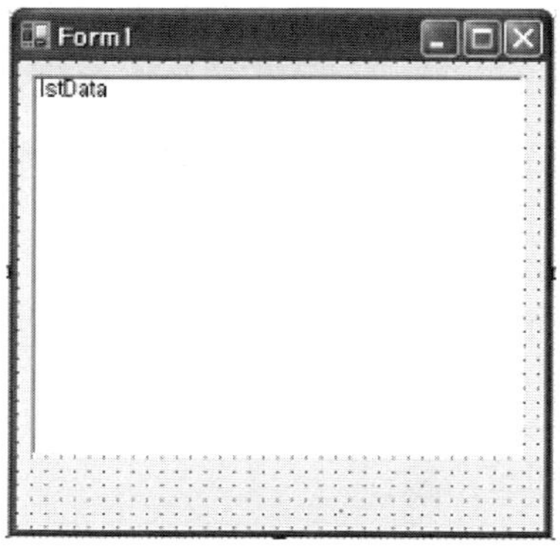

위와 같은 폼이 만들어 질 것이다.

2. [속성] 윈도우를 보면 Items 라는 속성이 있다. 오른쪽에 [...] 버튼을 클릭하면 다음과 같은 대화 상자가 나타난다. 여기에 항목들을 입력해 보자.

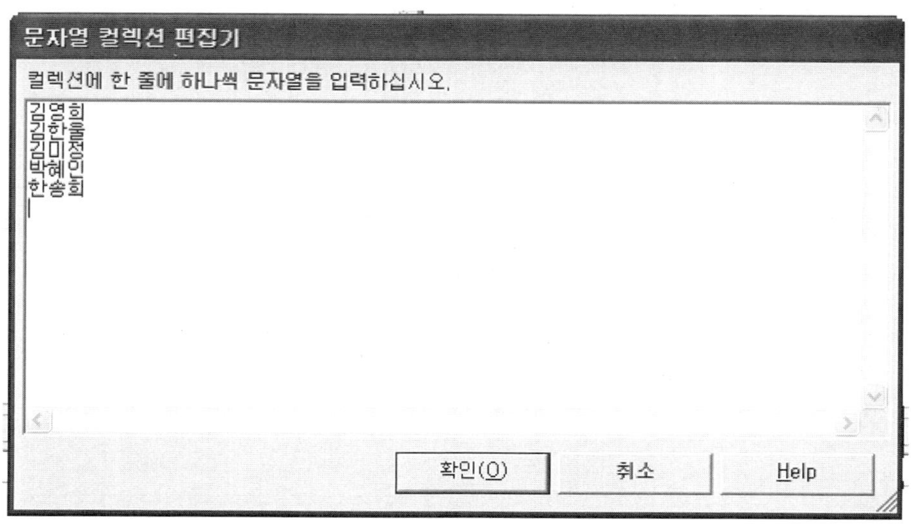

3. [확인] 버튼을 클릭하여 입력한 내용을 저장하고, lstData 리스트 박스를 더블클릭하여 다음과 같이 코드를 추가한다.

```
Public Class Form1
    Inherits System.Windows.Forms.Form

Windows Form 디자이너에서 생성한 코드

    Private Sub lstData_SelectedIndexChanged(ByVal sender As System.Object, ByVal e As S
        Dim name As String
        name = lstData.Items(lstData.SelectedIndex)

        Dim favoriteColor As String

        Select Case name
            Case "김영희"
                favoriteColor = "빨강색"

            Case "김한울"
                favoriteColor = "파랑색"

            Case "김미정"
                favoriteColor = "노랑색"

            Case "박혜인"
                favoriteColor = "흰색"

            Case "한송희"
                favoriteColor = "초록색"

        End Select

        MessageBox.Show(name & " 가 가장 좋아하는 색은 " & favoriteColor & "입니다.", _
        "Selec Case 구문")
    End Sub
End Class
```

4. 프로젝트를 실행하고 이름을 선택하면 다음과 같은 메시지 박스가 출력된다.

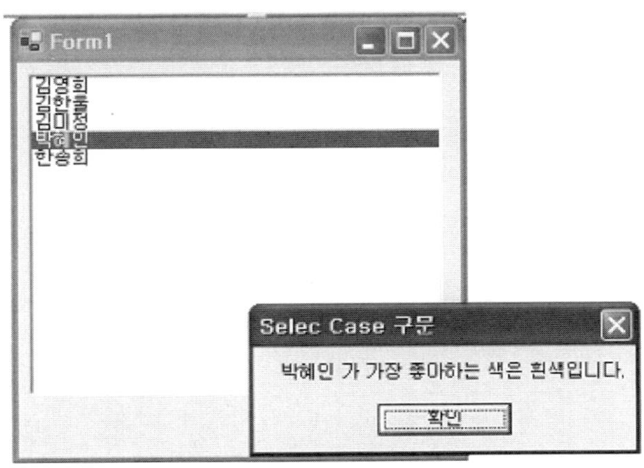

예제 설명

가장 먼저 한 일은 SelectedIndexChanged 핸들러를 사용하여, 어떤 항목이 선택되었는지를 확인하는 것이다. 이를 위해 선택된 항목이 몇 번째인지를 나타내는 lstData.SelectedIndex의 값을 얻어낸 다음, 그 항목의 이름을 얻기 위해 lstData.Items()에 넣고, 얻어낸 항목의 이름을 name이라는 변수에 저장하였다.

```
Dim name As String
    name = lstData.Items(lstData.SelectedIndex)
```

선택된 이름을 얻었으므로, 이제 Select Case ... End Select 구문을 시작한다. 어떤 변수의 값을 검사할 것인지를 지정해 주어야 한다. 여기에서는 name의 값이 사용되었다.

Select Case ... End Select 블록 내에는 Case 구문이 정의되는데, 이 예제의 경우 다섯 가지의 선택사항이 있으므로 모두 다섯 개의 Case 구문을 사용하였다.

예를 들어, "김한울"을 선택했다면, favoriteColor라는 변수에 "파랑색"이라는 값이 저장되고, Select Case 구문이 종료된다.

```
Select Case name

Case "김영희"
favoriteColor = "빨강색"

Case "김한울"
favoriteColor = "파랑색"

Case "김미정"
favoriteColor = "노랑색"

Case "박혜인"
favoriteColor = "흰색"

Case "한송희"
favoriteColor = "초록색"

End Select
```

Select Case...End Select 구문이 끝나면 다음과 같은 코드를 통해 메시지 박스를 출력한다.

```
MessageBox.Show(name & " 가 가장 좋아하는 색은 " & favoriteColor & "입니다.", _
"Selec Case 구문")
```

이처럼 Select Case ... End Select 구문에서는 각각의 Case 구문에서 지정한 조건이 만족되는 항목이 있을 경우 이어지는 내용을 실행하고, 이후에 또 다른 Case 구문이 있다면 모두 무시한 후에 End Select 부분으로 뛰어 넘어 다른 코드를 실행한다. 따라서 각각의 조건을 모두 검사하는 If 구문을 사용하는 것보다 훨씬 효율적이다.

한 가지 변수가 여러 가지 값을 가질 경우, 그리고 각 값에 대하여 다른 코드를 실행하고자 할 경우 Select Case 구문은 매우 유용하게 사용될 수 있다.

03 For ~ Next 문

컴퓨터 소프트웨어를 작성하다 보면 특정한 작업을 한 번 이상 반복해야 할 필요가 생기게 마련이다. 예를 들어, 같은 반 친구들에게 모두 알림장을 보낸다거나, 컴퓨터 디스크에 있는 여러 개의 파일을 읽어들이는 등의 작업을 하는 경우에는 반드시 같은 작업을 반복해야 일이 생긴다.

반복이라는 용어를 컴퓨터상에서는 루프(loop)라고 하며, 비주얼베이직 .NET에서 사용 가능한 루프는 두 가지가 있다.

- ⊙ For 루프 – 반복할 횟수를 정확히 아는 경우에 사용한다. 예를 들어 25명의 친구들에게 알림장을 보내야 한다면, For 루프가 적당하다.
- ⊙ Do 루프 – 특정한 조건에 도달할 때까지 반복할 경우에 사용한다. 예를 들어, 오후 5까지 반복해야 할 일이 있다면, Do 루프가 적당하다.

이번 단원에서는 For 루프에 대해 알아보고, Do 루프는 다음 단원에서 좀더 자세히 알아보겠다.

실습 예제

1. 새로운 프로젝트를 열어, “루프”라고 이름을 설정한다.

2. 폼에 리스트 박스와 버튼 컨트롤을 추가한다.

3. 리스트 박스의 Name 속성을 “lstData”로 설정하고, IntegralHeight 속성을 “False”로, Anchor 속성을 “Top, Bottom, Left, Right”로 각각 설정한다.

4. 버튼 컨트롤의 Name 속성은 "btnExe", Text 속성은 [실행하기]로 설정한다.

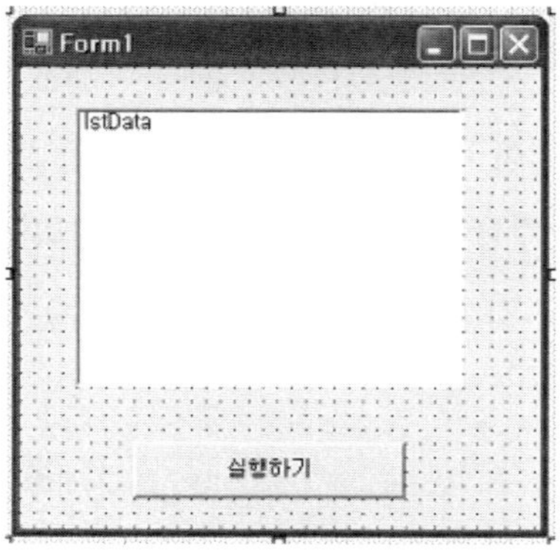

5. [실행하기] 버튼을 더블클릭하여, 아래와 같이 코드를 추가 입력한다.

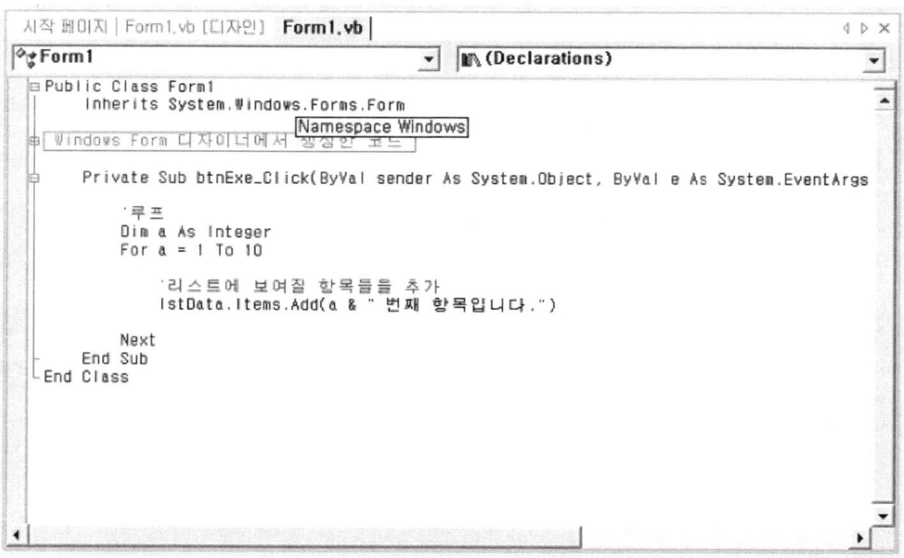

6. 프로젝트를 실행하여, [실행하기] 버튼을 클릭하여 결과를 확인한다.

예제 설명

가장 먼저, Click 이벤트 핸들러 내에서 변수를 선언해야 한다.

```
Dim a As Integer
```

이제 For 키워드를 사용하여 루프를 시작한다. For 키워드는 루프의 시작을 알리는 키워드로, 이어지는 내용은 루프가 동작할 방식을 지정하는 것이다. 위의 프로그램에서는 선언한 변수 a의 값이 1부터 10까지, 모두 10번 반복하여 수행하도록 하였다.

루프에 사용되는 변수(여기에서는 a가 쓰였다.)를 제어변수라고 한다. 루프가 시작되면 비주얼베이직.NET은 제어 변수의 값을 초기 값으로 설정한다. 여기서는 1이 된다.

```
For a = 1 To 10
```

루프가 시작되면, 다음의 코드들이 처음으로 실행된다. 이것은 리스트 박스에 문자열을 추가하라는 의미이다.

```
lstData.Items.Add(a & " 번째 항목입니다.")
```

다시 말해, 첫 번째 반복에서는 a가 1이므로, "1번째 항목입니다."라는 문자열이 리스트박스에 추가된다.

그리고 마지막에 있는 Next 구문에 도착하면, 제어변수의 값을 1을 증가시켜, 처음에 제시한 종료 값(여기에서는 10이 된다.)보다 작거나 같을 경우 다시 For 구문 바로 밑에 있는 코드로 이동하여 반복 실행하게 된다.

이런 작업이 반복되어, 10번째의 실행이 끝나고 Next 구문에 도달하여 a가 11이 되면, 종료 값보다 크기 때문에 루프는 종료되게 된다.

※ 루프를 말할 때에는 "반복"이라는 용어가 많이 사용된다. 이 "반복"이라는 것은 For 구문에서 Next 구문까지 한번 실행되는 것을 말한다. 다시 말해, 위의 예제에서는 10번의 반복이 있었다.

04 Do ~ Loop 문

우리가 사용할 수 있는 반복문 중에 Do ~ Loop 루프가 있다. 이는 특정한 조건이 만족되는 동안 지정된 코드를 반복 수행하는 데 쓰이는 루프로, 여러 가지로 변경하여 사용할 수 있다.

01 Do Until ... Loop 문

Do ~ Loop에도 몇 가지 방식이 있는데, 가장 먼저 Do Until ... Loop 방식을 알아보도록 한다. 이 루프는 말 그대로 "~ 일 때까지 계속 반복"한다는 의미이다.

직접 예제를 통해 Do Until ... Loop의 쓰임을 알아본다.
폼은, 이전의 For 루프에서 사용했던 것을 그대로 사용하도록 하겠다.

실습 예제 1

1. 코드 편집 창을 열고 실행하기 버튼을 눌러 Click 이벤트 핸들러를 다음과 같이 수정한다.

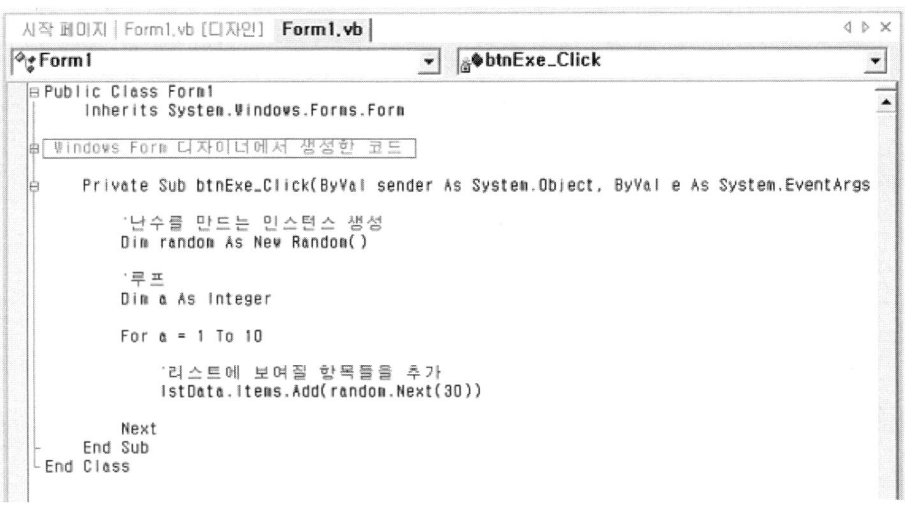

※ 여기서 말하는 난수란 무작위로 만들어낸 숫자를 뜻한다는 것을 알아두자.

2. 프로젝트를 실행하고 [실행하기] 버튼을 클릭해 보자.

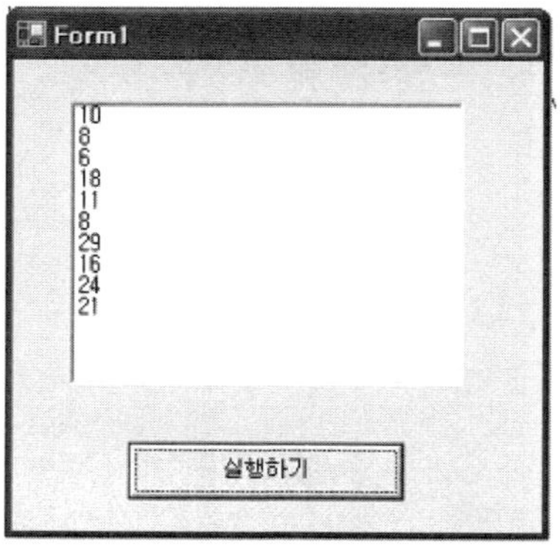

예제 설명

이 예제는 난수를 만들기 위한 새로운 인스턴스를 만들었다.

난수를 만드는 인스턴스 생성 Dim random As New Random()

새로 만들어진 난수 값이 들어갈 random이라는 변수를 선언한다. 이 예제에서는 30이라는 매개변수를 사용했으므로, 0에서 29까지의 숫자 중에 무작위의 값이 만들어진다. 이와 같이 원하는 값의 최대치보다 1 높은 숫자를 매개 변수로 사용하는 것을 잊지 말자!!

```
Dim a As Integer
For a = 1 To 10

 '리스트에 보여질 항목들을 추가
lstData.Items.Add(random.Next(30))

Next
```

변수 a는 For 루프가 반복되는 횟수를 말한다.

따라서 이 프로그램의 결과는 1부터 29까지의 숫자 중에서 10개를 무작위로 출력하는 것이 된다.

실행하기 버튼을 클릭할 때마다, 실행 결과가 달라지는 것도 당연하다.

다음 예제를 통해 Do Until ... Loop 구문의 쓰임을 알아보겠다.

실습 예제 2

이번에는 Do Until ... Loop 를 이용하여, 숫자를 미리 정해 두고, 그 정해진 수와 같은 난수가 만들어 질 때까지 계속해서 루프를 반복해 보겠다.

위의 예제를 다음과 같이 수정해 보자.

1. [실행하기] 버튼을 더블클릭하여, Click 이벤트 핸들러를 다음과 같이 수정한다.

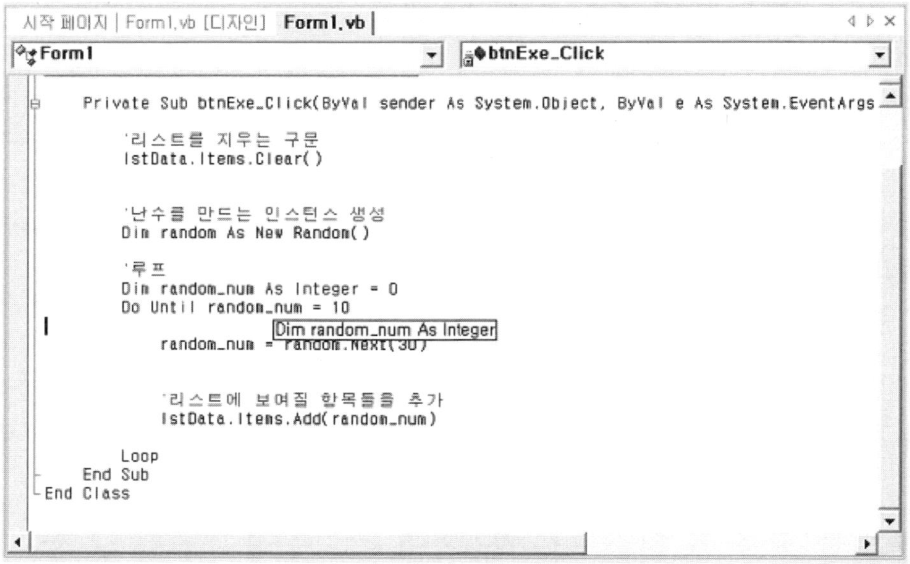

2. 프로젝트를 실행하고 [실행하기] 버튼을 클릭해 본다.

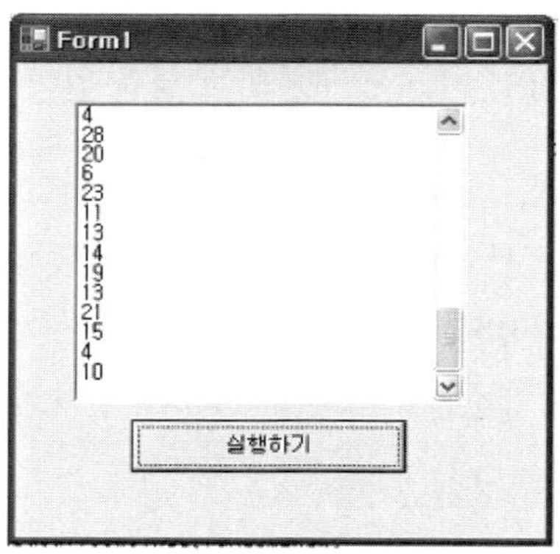

3. [실행하기] 버튼을 클릭할 때마다 10이라는 숫자가 나오기까지의 과정이 매번 다르다는 것을 확인할 수 있다.

예제 설명

Do Until ... Loop는 주어진 조건과 일치할 때까지 계속 반복 실행된다. 따라서 이 루프를 사용할 때는 제어변수가 필요 없고, 단지 현재 위치를 확인할 수 있는 방법만 있으면 된다. 어떻게 현재 위치를 확인하는지 알아본다.

위 예제를 그대로 이용했기 때문에, 위 예제로 이미 채워져 있는 리스트 박스의 내용을 지우기 위한 구문이다.

```
'리스트를 지우는 구문
lstData.Items.Clear()
```

난수를 만들어 임시 저장해 둘 변수를 선언하여 준다.

```
'난수를 만드는 인스턴스 생성
Dim random As New Random()
```

이제 제어 변수와 비슷한 역할을 할 변수를 선언한다.

```
Dim random_num As Integer = 0
```

다음은 루프를 설정하여 random_num 값이 10이 될 때까지 반복되도록 한다.

```
Do Until random_num = 10
```

매번 반복될 때마다 난수 생성 인스턴스를 사용하여 0에서 29사이의 숫자를 만들어 내고, 이를 random_num 변수에 넣은 다음 리스트에 추가한다.

```
random_num = random.Next(30)

'리스트에 보여질 항목들을 추가
        lstData.Items.Add(random_num)
```

마지막에 있는 Loop 구문에 도달하면 루프 내의 첫 번째 라인으로 돌아가는 것이 아니라, Do Until 라인으로 돌아간다. 다시 말해, Do Until 라인에 있는 조건이 다시 한 번 검사된다. 또한 random_num = 10이라는 조건이 만족될 경우 표현식이 True를 리턴함과 동시에 바로 다음 라인으로 넘어가는 것이 아니라, 루프를 빠져나가 Loop 다음에 있는 구문을 실행하게 된다. 즉, 루프가 정지하는 것이다.

02 Do While ... Loop 문

Do While...Loop는 Do Until...Loop와는 개념상 반대의 루프이다. 즉 "~할 때까지 계속 반복"하는 것이 아니라 "~인 동안 계속 반복"하는 것이다.

예제를 통해 자세히 알아보도록 하자.

실습 예제 1

1. 예제의 폼은 위 예제를 그대로 사용한다.

2. [실행하기] 버튼을 더블클릭하여 Click 이벤트 핸들러 코드를 다음과 같이 수정한다.

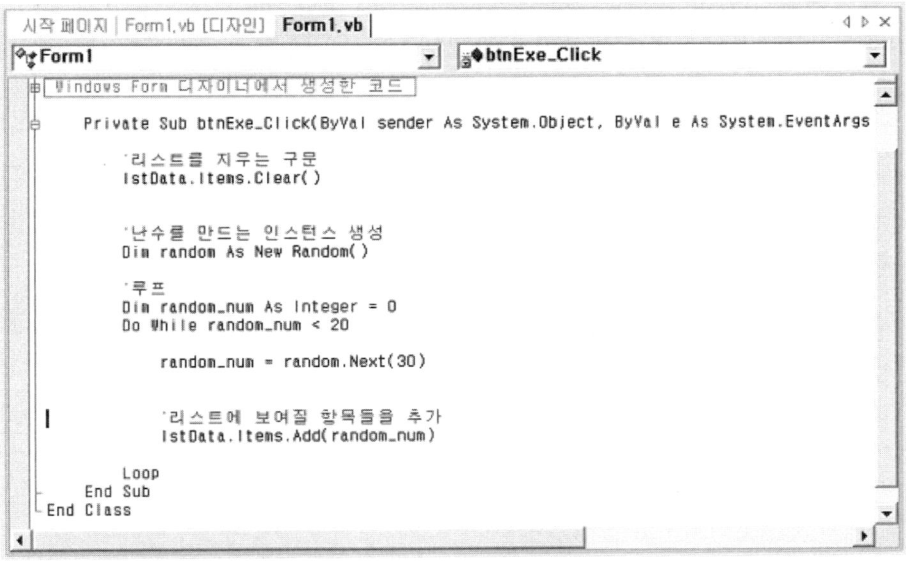

3. 프로젝트를 실행하고 [실행하기] 버튼을 클릭해 보자.

4. [실행하기] 버튼을 여러 번 클릭해 본다. 20보다 큰 숫자가 나올 때 까지 반복이 진행되는 것을 알 수 있다.

예제 설명

Do While ... Loop는 주어진 조건이 참(True)인 동안에 계속 실행되며, 거짓(False)이 되면 종료된다.

루프를 시작할 때 먼저 random_num이 20보다 작은가 먼저 확인하고, 그렇다면 표현식이 참(True)이 되어 루프 내의 코드가 실행된다.

```
Do While random_num 〈 20

random_num = random.Next(30)



 '리스트에 보여질 항목들을 추가
          lstData.Items.Add(random_num)


Loop
```

한 번의 반복이 끝나고 Loop 구문에 도달하면, 다시 Do While 구문으로 돌아간다. 그리고 다시 표현식을 검사하여, 참(True)일 경우에 한 번 더 반복하게 되는 것이다. 만약 조건이 거짓(False)이라면 루프는 종료되고, Loop 다음에 있는 구문이 실행된다.

05 다중 루프

지금까지는 루프가 한 번씩만 수행되는 것을 보았지만, 경우에 따라 루프 내에서 다른 루프를 반복해야 하는 경우가 생기기도 한다. 이를 중첩구조라고 하는데, 하나의 If 구문 내에서 다른 If 구문을 사용하는 경우나, For 구문 내에서 또 다른 For 구문을 사용하는 경우를 생각하면 된다.

루프가 진행되는 중간에 또 다른 루프를 넣어 실행하는 방법을 알아보자.

실습 예제

1. 이전에 쓰인 예제를 그대로 사용하겠다.
   다음과 같이 수정한다.

```
시작 페이지 | Form1.vb [디자인] | Form1.vb
Form1                                btnExe_Click

Public Class Form1
    Inherits System.Windows.Forms.Form

Windows Form 디자이너에서 생성한 코드

    Private Sub btnExe_Click(ByVal sender As System.Object, ByVal e As System.EventArgs

        '리스트를 지우는 구문
        lstData.Items.Clear()


        '난수를 만드는 인스턴스 생성
        Dim a As Integer
        Dim b As Integer
        For a = 1 To 3

            'For 루프 2
            For b = 1 To 4
                lstData.Items.Add(a & " 과 " & b)
            Next

        Next
    End Sub
End Class
```

2. 프로그램을 실행하고 [실행하기] 버튼을 클릭한다. 다음과 같은 결과가 나온다.

예제 설명

프로그램의 코드는 전혀 어려울 것이 없다. 첫 번째 루프에서는 a를 1부터 3까지 반복하였고, 두 번째 루프에서는 b를 1에서 4까지 반복하였다. 그리고 반복될 때마다 a와 b의 값을 리스트에 하나씩 넣어 출력하도록 한 것이다.

For 구문은 하나의 Next 구문과 짝을 이룬다. 즉, For 구문이 시작되었으면, Next 구문으로 끝을 맺어야 한다는 것이다. 위의 예제에서는 For 문이 두 번 쓰였으므로, Next 구문도 두 번 사용되어야 한다.

첫 번째 루프에서 a는 1로 시작해서 반복된다. 첫 번째 반복에서 두 번째 루프를 만나면 a가 1인 상태로, b가 4까지 증가하는 반복이 이루어지며, b값의 반복이 끝나면 a의 첫 번째 반복이 끝나고, 다시 a가 2로 증가한 다음, 또 한 번 b가 1부터 4까지 증가한다. 즉, 두 루프의 중간에 있는 코드는 모두 12번 반복되는 것이다.

이 예제는 For 구문을 사용했지만, 위에서 배웠던 Do While과 같은 루프를 사용해도 무방하다.

영재를 위한 프로그래밍 교육론

7장 배열에 대해 알아보자

01. 1차원 배열(정적 배열)
02. 2차원 배열(동적 배열)
03. 정렬하기
04. 반대로 정렬하기
05. 무작위로 출력하기

A PROGRAMME
FOR THE TALENT

배열이란 같은 데이터 형으로 이루어진 여러 개의 기억장소를 하나의 통일된 변수명으로 정의할 수 있음을 의미한다. 이때 각각의 기억장소를 그 배열의 요소(또는 인덱스)라고 하는데, 각 요소를 구별할 때는 첨자를 사용한다.

01 1차원 배열(정적 배열)

배열은 상한 값(Upper Bound)과 하한 값(Lower Bound)을 가지고 있으며, 이들 상한 값과 하한 값 사이에는 연속되는 개별적인 배열 요소를 가지고 있다.

정적 배열을 선언할 때에는 배열 이름 다음의 괄호에 상한 값이 위치하게 되고, 이 상한 값은 Long 데이터 형식을 초과할 수 없다.

기본적으로 배열을 선언한다는 것은, 하나 이상의 차원을 가진 변수를 만드는 것을 의미한다. 예를 들어 다음과 같이 문자열 변수를 선언하면 오직 하나의 문자열 값 이외에는 담지 못한다.

```
Dim a as String
```

하지만 배열을 사용하면 같은 타입의 변수를 여러 개 저장할 수 있다. 배열을 선언할 때는 변수의 이름과 크기를 함께 지정해 주어야 하는데, 예를 들어 문자열 변수 10개를 포함하는 a라는 배열을 만들고자 한다면 다음과 같이 선언해 주어야 한다.

```
Dim a(9) as String
```

그런데, 왜 10개인데 10이 아니고, 9라고 선언했을까? 그것은 1이 아닌 0부터 인덱스가 시작하기 때문이다.

일단 배열이 만들어지면, 인덱스 값을 사용하여 각각의 변수에 접근이 가능하게 된다. 인덱스의 값은 0부터 시작한다. 즉, 위에서는 9라고 선언을 해 주었으므로, 0부터 9까지 인덱스를 사용한다는 의미이다. 0부터 세어보면 10개가 맞을 된다.

배열이 어떻게 생겼고, 어떻게 동작하는지 가장 좋은 방법은 직접 여러분이 실습해 보는 것이다. 배열을 사용한 간단한 예제를 통하여 알아보도록 하자.

실습 예제

1. 새 프로젝트를 추가하여, "배열"이라는 이름으로 지정한다.

2. 폼 위에 ListBox 컨트롤을 추가하고, Name 속성은 "lstName"으로, IntegralHeigh 속성은 "False"로 설정한다. Ingegral 속성은 리스트 박스의 크기를 조절하는 기능이다. True 이면 리스트박스의 크기가 조절가능하고, False 이면 조절할 수 없도록 하는 것이다.

3. 버튼을 추가하고, Name 속성은 "btnGo"로, Text 속성을 "출력"으로 변경한다.

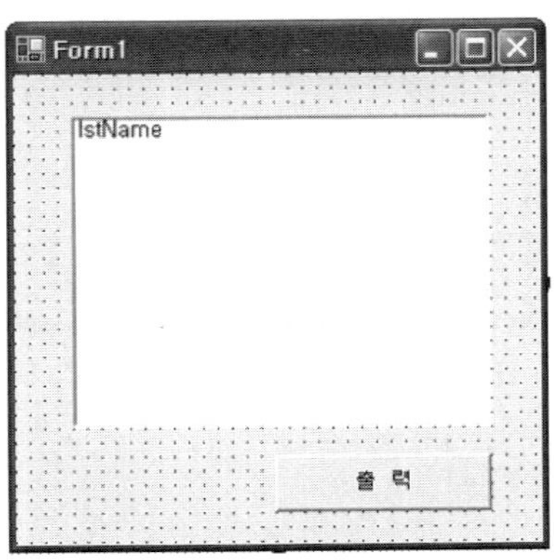

4. 버튼을 더블클릭하여 다음과 같이 코드를 추가한다.

```
Private Sub btnGo_Click(ByVal sender As System.Object, ByVal e A

    '변수 선언
    Dim name(4) As String

    '배열에 담을 정보를 입력합니다.
    name(0) = "학생"
    name(1) = "교사"
    name(2) = " 교장 선생님"
    name(3) = " 교감 선생님"
    name(4) = " 양호 선생님"


    '목록에 추가할 인덱스를 지정합니다
    '여기에서는 교장선생님
    lstName.Items.Add(name(2))

End Sub
```

5. 프로젝트를 실행하여 결과를 확인한다. 버튼을 클릭하면, 다음과 같은 결과가 보인다.

실습 예제

배열을 선언할 때에 가장 먼저 할 일은 데이터 타입과 배열의 크기를 지정해 주는 것이다.

위의 예제에서는 문자열의 타입으로, 5의 크기로 배열을 선언하였다.

```
'변수 선언
Dim name(4) As String
```

5개의 배열인데 4로 지정한 것은 여러분도 알고 있을 것이다. 4로 지정을 했지만, 인덱스는 0부터 시작하는 것이라고 미리 설명해 두었다. 즉, 배열의 크기를 선언할 때는 항상 필요한 개수보다 1 작게 선언한다고 알아두면 편리하다.

이렇게 해서 5개의 요소를 담을 수 있는 배열이 만들어졌다. 다시 말해, 이 배열은 5개의 요소(엘리먼트)를 가진 배열이라고 할 수 있다.

자, 배열이 만들어졌으니, 인덱스를 사용하여 각각의 요소(엘리먼트)에 접근하는 것이 가능해졌다. 괄호 안에 있는 숫자는 각각의 인덱스를 의미하며, 0부터 4까지 모두 5개로 이루어져 있다.

```
'배열에 담을 정보를 입력합니다.
name(0) = "학생"
name(1) = "교사"
name(2) = " 교장 선생님"
name(3) = " 교감 선생님"
name(4) = " 양호 선생님"
```

배열에 있는 요소를 참조하는 방법도 어려울 것이 없다. 이번 예제에서는 배열의 세 번째 요소, 다시 말하면 인덱스 2라고 선언한 요소(엘리먼트)의 값을 얻어 리스트 박스에 추가한 것이다.

```
'목록에 추가할 인덱스를 지정합니다
'여기에서는 교장선생님
lstName.Items.Add(name(2))
```

인덱스가 0부터 시작한다는 것이, 보통 우리가 수를 셀 때 1부터 시작하는 것과 달라 혼동될 수 있다. 가장 좋은 방법은 지금처럼 0부터 시작하는 배열에 익숙해지는 것이지만, 그렇지 않다면 일괄적으로 1씩 더하여 우리가 수를 세는 것처럼 이해하기 쉽도록 하거나, 반대로 우리가 생각하는 순서에서 1을 빼서 배열의 인덱스로 사용하는 것이다.

그렇지만, 프로그래밍을 하는데 있어서, 일반적으로 쓰이는 0부터 시작하도록 연습하는 것이 가장 좋다.

02 2차원 배열(동적 배열)

앞 단원에서는 배열의 개념과 1차원 배열의 사용 예에 대해 알아보았다. 이번 단원에서는 배열의 크기 조정하는 방법 등의 동적인 배열이 무엇인가 살펴보도록 하자.

배열을 사용하다 보면 항목을 추가하거나 삭제하는 등의 작업이 필요한다. 그렇지만, 정적 배열로 선언을 하였다면 필요할 때마다 배열의 크기도 변경해주어야 한다. 이럴 경우를 대비하여 동적 배열을 사용하는 것이다. 이를 위한 키워드 re-dimension의 약자인 ReDim을 사용하고, 이것이 바로 동적 배열을 만든다는 것이다. 예제를 통해 익혀보도록 하자.

실습 예제

1. 정적 배열에 관한 실습을 했던 파일을 불러온다.

2. 코드 편집 창에서 아래와 같이 메서드를 추가하여, 코드를 수정한다.

```
Sub AddNameToList(ByVal name() As String)

    Dim friend_name As String
    For Each friend_name In name

        '추가
        lstName.Items.Add("{" & friend_name & "}")

    Next
End Sub
```

3. 폼에서 버튼을 더블클릭하여, 버튼 핸들러에 대한 코드도 수정한다.

```
Public Class Form1
    Inherits System.Windows.Forms.Form

Windows Form 디자이너에서 생성한 코드

    Private Sub btnGo_Click(ByVal sender As System.Object, ByVal e As System.EventArgs)

        '변수 선언
        Dim name(4) As String

        '배열에 담을 정보를 입력합니다.
        name(0) = "현주"
        name(1) = "미라"
        name(2) = "미수"
        name(3) = "규설"
        name(4) = "영남"


        AddNameToList(name)


    End Sub
```

4. 정적 배열을 연습했던 예제를 친구들 이름을 출력하는 것으로 바꾸어 보았다. 아래와 같이 결과가 보인다.

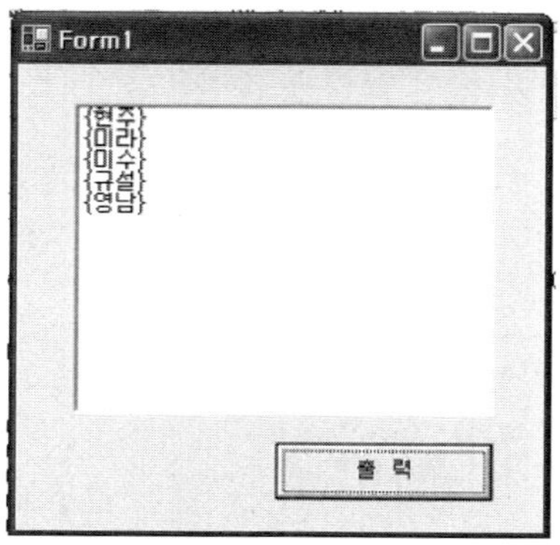

5. 그럼 다시 실행화면을 종료하고, 버튼 이벤트 핸들러를 다시 수정해 보자.

```
    Private Sub btnGo_Click(ByVal sender As System.Object, ByVal e As System.EventArgs)

        '배열을 선언
        Dim name() As String = {"현주", "미라", "미수", "규설", "영남"}

        ReDim name(6)
        name(5) = "인영"
        name(6) = "하나"

        '리스트에 이름을 출력합니다.
        AddNameToList(name)

    End Sub
```

6. 프로젝트를 실행하여 결과를 확인해 보자.

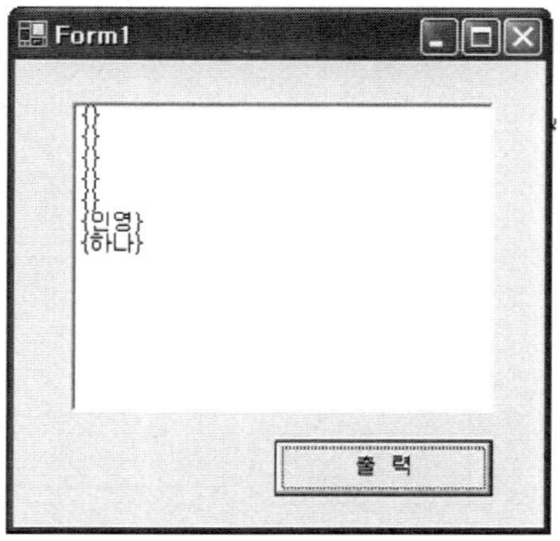

위에 출력되었던 이름들이 모두 없어졌다. 프로그램이 잘 못 된것이 아니라 잘 실습하고 있는 것이다. 왜 없어졌는지, 예제 설명부분에서 자세히 알아본다.

예제 설명

위의 예제 코드를 보면, 크기가 5인 배열을 미리 선언한 것을 볼 수 있다.

```
'배열을 선언
Dim name() As String = {"현주", "미라", "미수", "규설", "영남"}
```

배열을 선언할 때, 변수명 옆에 숫자로 크기를 지정하지 않았지만, 배열에 들어갈 데이터는 "현주", "미라", "미수", "규설", "영남" 이렇게 모두 5개라는 것을 알 수 있다. 이렇게 배열을 선언하는 방법도 있으니 알아두면 편리하다.

코드 시작부분에서는 크기가 5인 배열을 선언해 주고, 다시 ReDim 키워드를 사용하여 6으로 배열의 크기를 변경했다. 즉, 요소가 몇 개 들어갈 수 있다는 뜻일까? 이것은 7개가 들어가는 배열로 사용하겠다는 뜻이다.

```
ReDim name(6)
name(5) = "인영"
name(6) = "하나"
```

추가된 두 공간에는 새로운 이름을 저장하는 것이다.

```
'리스트에 이름을 출력합니다.
AddNameToList(name)
```

리스트에 이름을 출력하라는 것이다.

그렇지만, 이상한 것이 있을 것이다. 전에 위의 예제에서 봤던 5개의 이름들이 모두 사라졌다. 왜 그럴까?

아까 잠깐 언급했던 ReDim이라는 키워드가 기억이 날것이다.

이렇게 이름들이 없어진 것은 바로 ReDim 키워드 때문이다. ReDim을 이용하여 배열의 크기를 조정하면, 표준적으로 내부에 있던 이전의 모든 요소들을 지워버리기 때문이다.

그렇다면 해결방법은 무엇일까?

아주 간단하게 해결을 할 수 가 있다. ReDim이라는 키워드를 사용하여 배열을 재정의해 주었던 것처럼 또 하나의 키워드를 사용하면 된다.

이것이 바로 Preserve라는 키워드이다.

배열의 크기를 조정할 때, 기존에 있던 요소들의 내용을 유지하고 싶다면 반드시 Preserve 키워드를 사용하도록 한다.

자, 그럼 Preserve 키워드를 사용한 결과를 확인해 보자.

실습 예제

1. 위의 예제에서 코드를 추가한다.

```
Private Sub btnGo_Click(ByVal sender As System.Object, ByVal e As
System.EventArgs) Handles btnGo.Click

 '배열을 선언
Dim name() As String = {"현주", "미라", "미수", "규설", "영남"}

ReDim Preserve name(6)
name(5) = "인영"

name(6) = "하나"

 '리스트에 이름을 출력합니다.
AddNameToList(name)


End Sub
```

2. 프로젝트를 실행하여 결과를 확인한다.

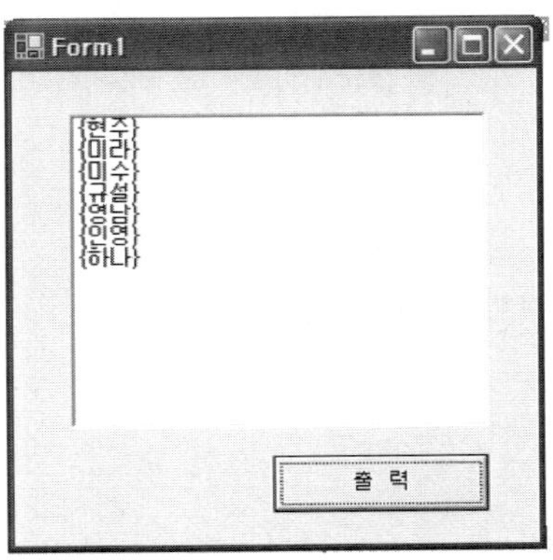

03 정렬하기

지금까지 정적 배열과 동적배열을 어떻게 사용하는지 알아보았다.

지금까지는 프로그램을 작성하면서 입력한 데이터들을 인덱스에 지정한 순서대로 출력하도록 하였다.

데이터들이 일련의 정해진 순서에 따라 정렬되어 있다면 훨씬 더 보기 좋다. 그럼, 지금부터 인덱스에 지정한 데이터들을 일련의 순서에 맞게 출력되는 프로그램을 직접 만들어 보도록 하자.

실습 예제 1

1. 배열을 실습하였던 프로그램을 불러온다. 코드 창에서 AddNameToList 메서드를 찾아 다음과 같이 코드를 추가한다.

```
Sub AddNameToList(ByVal name( ) As String)

    '정렬하라는 키워드
    Array.Sort(name)


    Dim friend_name As String
    For Each friend_name In name

        '추가
        lstName.Items.Add("{" & friend_name & "}")

    Next
End Sub
```

2. 프로젝트를 실행하여 결과를 확인한다.

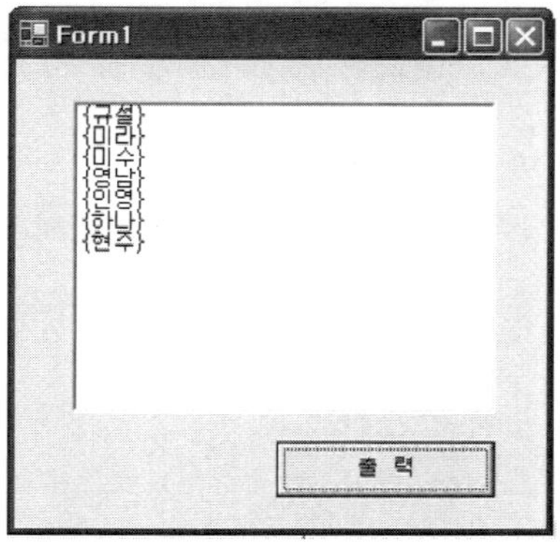

예제 설명

생각보다 아주 간단하다. Array.Sort라고만 입력해 주면 모든 것이 해결된다. 이것은 배열이 System.Array라는 클래스 내에서 제어되기 때문이다. 이 경우에 우리는 이 클래스의 공유 메서드인 Sort를 사용하였다. 정렬하고자 하는 배열을 넣어 배열의 각 요소를 가나다 순서대로 정렬한 것이다.

※ 여기에서 배열에 입력한 데이터가 가나다 순서가 아닌 알파벳 순서나, 숫자가 포함된 배열이라면, 이 메서드를 사용했을 때 숫자 순서대로 정렬이 된다.

04 반대로 정렬하기

그렇다면, 배열에 입력한 항목들을 반대로 정렬하는 방법은 없을까?

순서대로 정렬을 했으니, 당연히 반대로 정렬하는 방법이 있다. 어떻게 정렬을 하는지 알아보자.

실습 예제 2

1. 위의 예제의 코드 창을 열고, 코드를 다음과 같이 수정한다.

```
Sub AddNameToList(ByVal name( ) As String)

    '정렬하라는 키워드
    Array.Sort(name)

    Dim upperbound As Integer = name.Length - 1

    Dim index As Integer

    For index = upperBound To 0 Step -1


        '추가
        lstName.Items.Add(name(index))


    Next
End Sub
```

2. 프로젝트를 실행하여 결과를 확인한다.

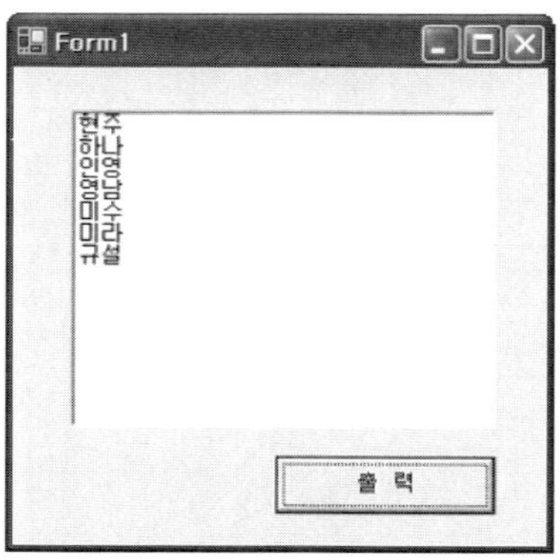

이번에는 목록이 반대로 정렬된 것을 확인할 수 있다. 마찬가지로, 데이터가 가나다 순서가 아닌 알파벳이었다면 Z에서 A 순서로, 숫자였다면 큰 수부터 작은 수로 출력된다.

예제 설명

AddNameToList 함수가 배열을 받아들일 때, 함수의 크기는 전달되지 않는다. 따라서 이 함수는 배열에 몇 개의 항목들이 있는지 알 수 없다. 따라서 배열 내의 항목 수를 얻어내기 위하여 Length를 사용한다. 주의해야 할 것은 Length에서 얻어낸 배열의 크기에서 1을 빼 주어야 가장 큰 인덱스 번호를 알 수가 있다. 배열을 선언해 줄 때와 마찬가지로 이해하면 된다.

```
' 배열 크기 얻기
Dim upperbound As Integer = name.Length - 1
```

배열 안에 있는 항목의 개수가 7개이므로 가장 큰 인덱스 번호는 6이 된다.

일단 이렇게 해서 배열 내 항목의 개수를 얻었다면, For...Next 루프를 사용하여 각 인덱스 내에 있는 항목들을 반대 순서로 출력한다.

```
Dim index As Integer

For index = upperBound To 0 Step -1

        '리스트에 추가
        lstName.Items.Add(name(index))

Next
```

05 무작위로 출력하기

정적 배열, 동적배열을 활용하여 순서대로 정렬하기, 그리고 반대로 정렬하는 방법을 실습해 보았다.

이제는 순서 없이 무작위로 항목을 출력해 보려고 한다.

앞의 실습에서 "난수"를 출력하였던 프로그램이 기억날 것이다.

바로, 그 "난수 출력하기" 프로그램과 같은 원리라고 생각하면 된다.

실습 예제

1. 이전의 프로젝트를 계속 활용한다. 코드 창을 열어 다음과 같이 수정한다.

```
Sub AddNameToList(ByVal name( ) As String)

    '정렬하라는 키워드
    Array.Sort(name)

    ' 배열 크기 얻기
    Dim upperbound As Integer = name.Length

    '난수를 만들어 저장할 변수 선언
    Dim random_num As New System.Random( )

    ' 항목을 13개 출력하기 위해, 항목의 개수를 센다
    Dim nansu As Integer
    For nansu = 1 To 13

        Dim index As Integer = random_num.Next(upperbound)
        '추가
        lstName.Items.Add(index & "-> " & name(index))

    Next

End Sub
```

2. 프로젝트를 실행하여 결과를 확인한다.

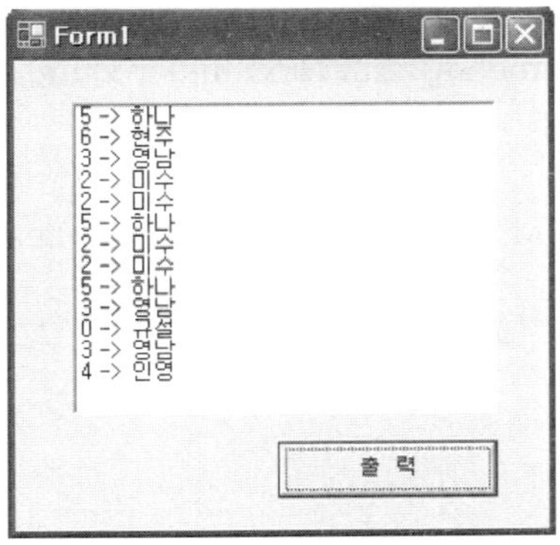

예제 설명

닷넷에서는 System.Random이라는 난수 생성기를 통해 필요에 따라 난수가 만들어진다. 이 예제에서는 루프를 반복할 때 0부터 배열의 크기 사이의 무작위 숫자를 만들어 내고, 그 숫자를 인덱스를 사용하여 배열에 있는 항목이 무작위 순서로 리스트에 추가되도록 한 것이다.

For 문에서 1부터 13까지 반복하라고 선언해 주었기 때문에, 13번 항목이 출력되었음을 알 수 있다.

```
' 배열 크기 얻기
Dim upperbound As Integer = name.Length

'난수를 만들어 저장할 변수 선언
Dim random_num As New System.Random()



' 항목을 13개 출력하기 위해, 항목의 개수를 센다
Dim nansu As Integer
For nansu = 1 To 13
```

```
Dim index As Integer = random_num.Next(upperbound)
            '추가
            lstName.Items.Add(index & " -> " & name(index))
```

영재를 위한 프로그래밍 교육론

8장 간단한 애플리케이션 실습하기

A PROGRAMME
FOR THE TALENT

01 입력한 문자수를 세어보자

이번에는 예제를 통해 사용자가 폼에 텍스트를 입력할 수 있도록 하여, 입력한 문자와 단어의 수를 세어 알려주는 간단한 프로그램을 만들어 보려고 한다.

그럼 시작해 보자

실습 예제

1. [파일]-[새로 만들기]-[프로젝트]를 선택한다. Windows 응용 프로그램 프로젝트를 선택하고, 프로젝트 이름은 "문자 단어 세기"라고 지정한다.

2. 아래의 그림과 같이 되도록 폼의 크기를 조금 넓게 조정한다. 폼을 선택한 후, Text 속성을 "문자 단어 세기"라고 지정한다.

3. 텍스트 박스 컨트롤을 선택하여 그린다. Name 속성은 "txtMunja"로, ScrollBars는 "Vertical"로, Multiline은 "True"로 설정하고, Text 속성은 빈 공간으로 남겨 둔다.

4. Multiline 속성을 변경하고 나면, 컨트롤 주위의 여섯 개의 크기 변경 핸들이 회색에서 흰색으로 바뀌는 것이 보인다. 이것은 텍스트 박스의 높이를 변경할 수 있게 되었음을 알려주는 것이다. 높이를 늘려 폼 공간의 대부분을 차지하도록 변경한다.

5. 텍스트 박스 위에 레이블을 추가한다. Text 속성을 "텍스트 박스에 글을 입력하세요..."로 변경한다.

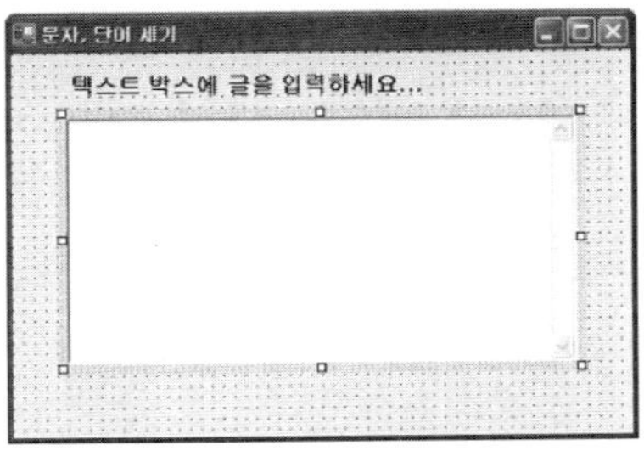

6. 지금 우리가 만드는 예제는 사용자가 입력한 문자나 단어의 수를 세는 기능을 가지는 것이므로, 사용자가 단어 수를 셀 것인지, 문자의 수를 셀 것인지 선택할 수 있는 기능이 필요하다. 따라서 이 기능을 할 수 있는 라디오 버튼을 두 개 추가한다.
첫 번째 라디오 버튼의 Name 속성은 "rdbCountMunja"로, Text 속성은 "문자"로, Checked 속성은 "True"로 지정한다.
두 번째 라디오 버튼의 Name 속성은 "rdbCountDana"로, Text 속성은 "단어"로 지정한다.
아래 보이는 그림과 같은 결과가 나올 것이다.

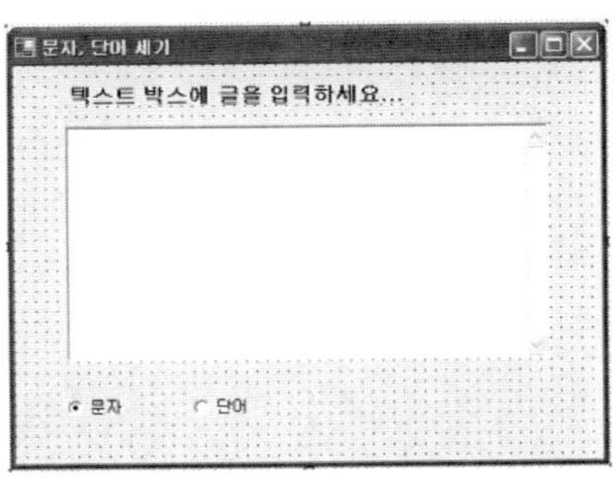

7. 여러분들이 텍스트를 입력하는 동안, 입력한 문자나 단어의 수를 세어 결과를 보여주어야 한다. 이를 위해 다시 레이블 두 개를 추가한다.
   첫 번째 레이블을 추가하고 Text 속성은 "결과는?"으로 지정한다.
   두 번째 레이블을 추가하고, Name 속성을 "lblResult"로 지정하고, Text 속성은 지워준다. BorderStyle 속성을 "Fixed3D"로 변경한다.

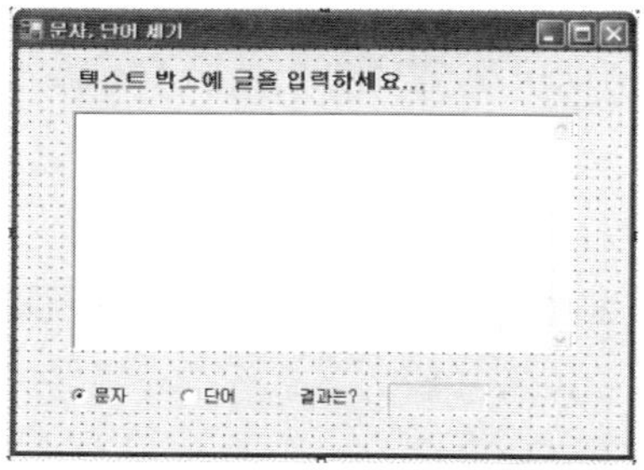

※ 폼 구성이 모두 끝났는가? 그렇다면, 폼에 있는 컨트롤 중 하나를 선택하여 [서식]–[컨트롤 잠그기] 항목을 선택한다. 이렇게 하면 모든 컨트롤의 Locked 속성이 True로 설정되어, 실수로 컨트롤을 지우거나, 자리를 이동하거나, 크기를 변경하는 일을 막을 수 있다.

8. 이제 입력한 문자를 세는 코드를 작성해 보겠다. 아래와 같이 Form1 코드 하단의 End Class 선언 바로 위쪽에 추가한다.

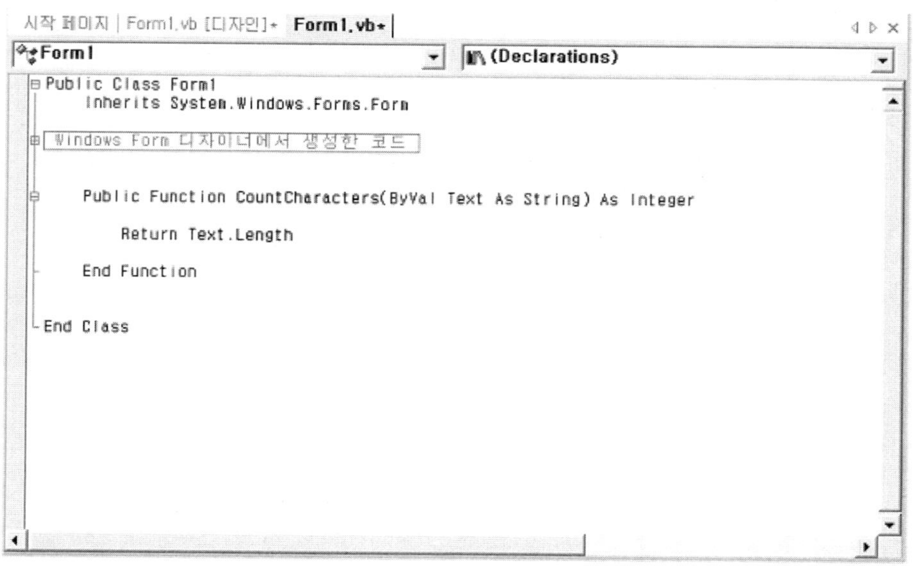

9. 다음으로 텍스트 박스의 이벤트 핸들러를 작성해야 한다. 텍스트 박스 컨트롤을 더블클릭하면 TextChanged 이벤트의 이벤트 핸들러가 만들어질 것이다. 이벤트 핸들러에 다음과 같이 코드를 추가한다.

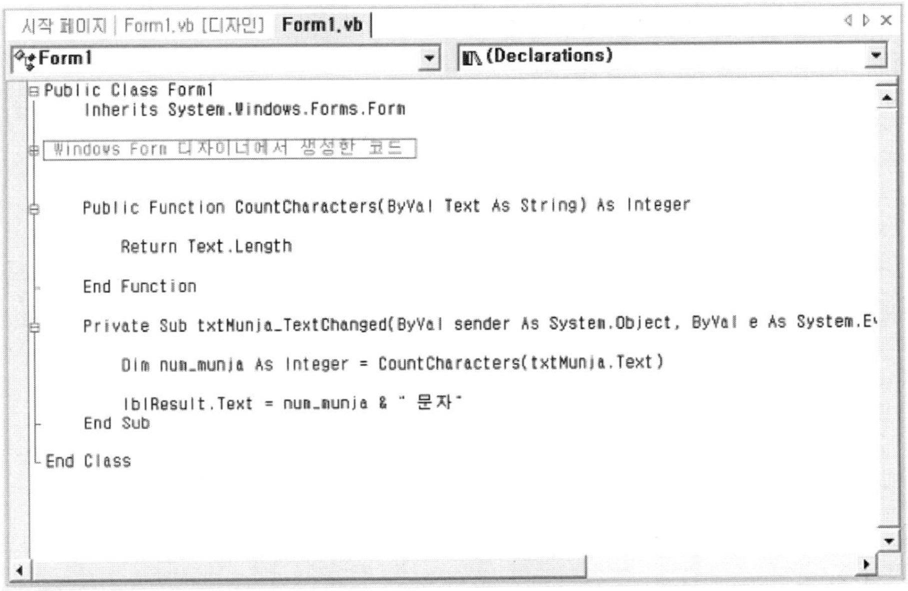

10. 프로젝트를 실행한다. 텍스트 박스에 글자를 입력하면 아래 그림과 같은 결과를 볼 수 있을 것이다.

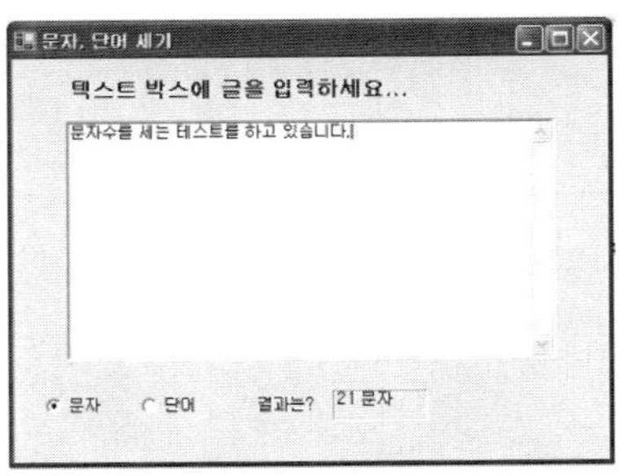

예제 설명

텍스트 박스에 문자를 입력하면 폼 하단의 결과를 나타내는 레이블에서 문자의 수를 보여주게 된다. 이것은 사용자가 텍스트 박스의 텍스트를 변경할 때마다 TextChanged 이벤트가 발생하기 때문이다.

TextChanged 이벤트는 새로운 글자가 입력되거나, 기존의 글자가 변경되거나, 텍스트를 삭제할 때마다 생겨나는 것이다.

우리는 이 이벤트를 받을 때 마다 CountCharacters 메서드를 호출하고 텍스트 블록을 전달한다. 사용자가 txtMunja에 텍스트를 입력하면 입력한 텍스트를 반영하도록 txtMunja 속성이 업데이트 되는 것이다.

우리는 이 텍스트 범위를 얻고, CountCharacters에 전달할 수가 있다.

```
Dim num_munja As Integer = CountCharacters(txtMunja.Text)
```

CountCharacters는 문자의 수를 나타내는 정수를 리턴한다.

```
Return Text.Length
```

문자의 수를 얻은 후에, lblResult 컨트롤에 결과를 보여준다.

```
lblResult.Text = num_munja & " 문자"
```

02 입력한 단어 수를 세어보자

이제 입력한 단어의 수를 세는 예제를 만들어보도록 하자. 위의 "문자 수 세기" 예제를 활용하겠지만, 이제는 "문자 라디오 버튼"이 선택되어져 있을 때와는 다르게 단어의 수를 세어야 한다.

그렇다면, TextChanged 이벤트에 응답할 때 문자를 세던 기존의 메서드 대신, 단어를 세는 다른 메서드를 불러야한다.

또한, 다른 라디오 버튼을 선택할 때마다 결과에 보여줄 "문자"와 "단어"를 바꾸어 주어야 한다. 결과보기 버튼을 눌렀을 경우에는 동일한 결과를 보여주어야 하지만, 이번에는 위의 예제와는 달리 메시지 상자를 이용하도록 한다.

자, 그럼 예제를 직접 만들어 볼까?

실습 예제

1. 가장 먼저, 문자를 세는데 쓰이는 CountCharacter 함수 위에 단어를 세는 함수를 추가한다.

```
Public Class Form1
    Inherits System.Windows.Forms.Form

Windows Form 디자이너에서 생성한 코드


    '텍스트 박스에 입력한 문자의 수를 센다.
    Public Function CountCharacters(ByVal Text As String) As Integer

        Return Text.Length

    End Function

    '텍스트 박스에 입력한 단어의 수를 센다
    Public Function countwords(ByVal text As String) As Integer

        '텍스트 박스에 입력된 것이 없다면 다음 조건을 수행해라..
        If txtMunja.Text = "" Then Return 0

        '공백으로 단어를 구분해라..
        Dim Dan_a() As String = text.Split(" ".ToCharArray())
        Return Dan_a.Length

    End Function

End Class
```

2. 계속해서, 아래와 같이 코드를 추가한다.

코드를 수정할 때에는 입력해 있는 코드는 그냥 놔두고 새로운 코드만 추가하면 된다.

```
'화면을 업데이트 하는 UpdateDisplay 함수
Public Function UpdateDisplay() As String

    '텍스트 박스에 입력받는 글자들을 사용하기 위한 변수 선언
    Dim countText As String = txtMunja.Text
    Dim resultText As String

    '단어라는 라디오 버튼이 선택되었을 경우 수행하라
    If rdbCountDana.Checked = True Then

        '단어를 센다
        Dim num_dana As Integer = CountWords(countText)

        '글자를 리턴한다
        resultText = num_dana & "단어"

    Else

        '문자를 센다
        Dim num_munja As Integer = CountCharacters(countText)

        '글자를 리턴한다
        resultText = num_munja & "문자"

    End If

    ' 화면를 업데이트 한다
    lblResult.Text = resultText

End Function
```

이 메서드는 텍스트 박스에 입력되어진 글자들을 얻고 화면을 업데이트 하는 작업을 수행하는 것이다.

또한 이 메서드는 rdbCountDana 라디오 버튼의 Checked 속성을 확인하여, 문자나 단어 중 어떤 것을 세어야 하는지를 결정하는 기능을 한다.

3. 다음은 TextChanged 핸들러 내에서 CountCharacters 대신 UpdateDisplay를 호출하도록 해야 한다. 다음과 같이 코드를 수정한다.

```
Private Sub txtMunja_TextChanged(ByVal sender As System.Object, ByVal e As System.EventArgs) _
    Handles txtMunja.TextChanged

    '변경된 것이 있다면, 화면을 업데이트하라
    UpdateDisplay()

End Sub
```

4. 마지막으로, 선택된 라디오 버튼이 변경될 때마다 화면을 업데이트해야한다. 코드 창 왼쪽 상단의 드롭다운 리스트에 rdbCountWords를 선택하고, 오른쪽의 리스트에는 CheckedChanged 항목을 선택한다.

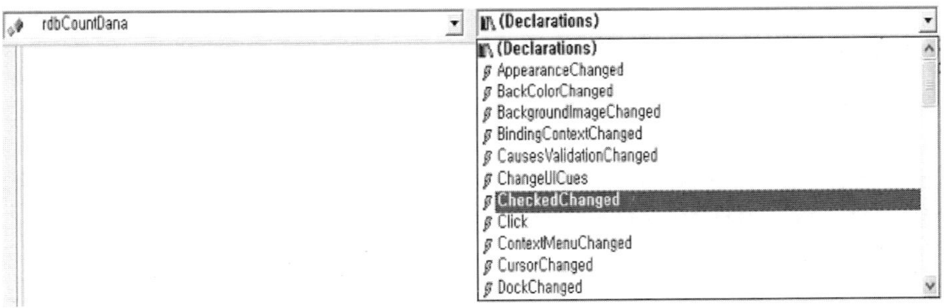

5. 새로운 코드가 생겨나면 새로 생긴 이벤트 핸들러에 아래와 같이 코드를 추가한다.

```
Private Sub rdbCountDana_CheckedChanged(ByVal sender As Object, ByVal e As System.EventArgs) _
Handles rdbCountDana.CheckedChanged

    '변경된 것이 있다면 화면을 업데이트합니다.
    UpdateDisplay()

End Sub
```

6. 다시 한 번, rdbCountMunja 라디오 버튼에 대해서도 4~5번과 같은 과정을 반복한다.

```
Private Sub rdbCountMunja_CheckedChanged(ByVal sender As Object, ByVal e As System.EventArgs) _
Handles rdbCountMunja.CheckedChanged

    '변경된 것이 있다면 화면을 업데이트합니다.
    UpdateDisplay()

End Sub
```

7. 프로젝트를 실행하여, 결과를 확인한다.

텍스트 박스에 글을 입력하고, 문자, 단어 라디오 버튼을 선택하면서 결과를 확인해 보자.

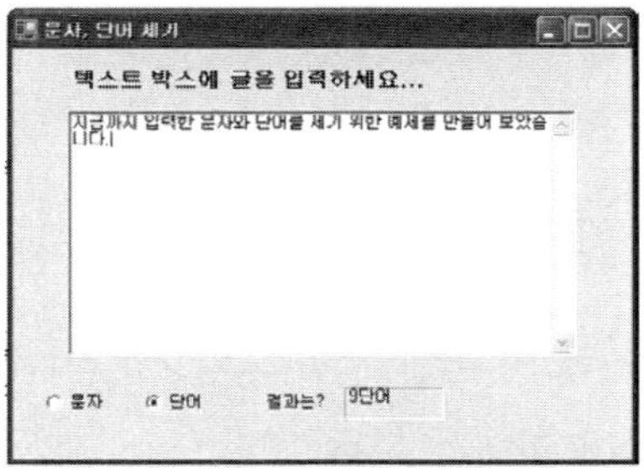

예제 설명

프로그램에 쓰인 코드를 살펴본다.

```
'텍스트 박스에 입력한 문자의 수를 센다.
   Public Function CountCharacters(ByVal Text As String) As Integer


      Return Text.Length


End Function


   '텍스트 박스에 입력한 단어의 수를 센다.
   Public Function CountWords(ByVal text As String) As Integer


      '텍스트 박스에 입력된 것이 없다면 다음 조건을 수행해라..
      If txtMunja.Text = "" Then Return 0


'공백으로 단어를 구분해라..
```

```
        Dim Dana() As String = text.Split(" ".ToCharArray())
Return Dana.Length


End Function
```

If 문을 이용해, 텍스트 박스에 입력된 글이 있는지 없는지를 먼저 확인한다. 만약 입력된 글이 없으면 바로 "0"값을 리턴한다.

Split 메서드는 하나의 문자열을 받고 이를 문자열 객체의 배열로 리턴한다. ToCharArray 앞에 " "(큰 따옴표)로 공백을 만든 것은, 공백 문자를 인자로 넘긴다는 뜻이다. 입력된 글 중에서 공백이 있을 경우, 그것을 구분하기 위한 것이다. 즉, Split 메서드는 공백으로 단어를 구분하고, 단어 전체의 수를 호출자에게 리턴하게 되는 것이다.

03 그림 삽입하기

폼을 그리면서, 버튼이나 레이블에 글씨만 써 넣으니까 재미가 없을 것이다.
이젠, 버튼이나 레이블에 그림을 입력함으로써 좀더 예쁜 폼을 만들어 보려고 한다.
이번 단원에서는 버튼에 이미지(그림이나, 사진)를 삽입해 보겠다.
잘 익혀두었다가, 다른 레이블 등에 이미지 삽입하는 것을 활용하면 된다.

실습 예제

1. [파일]-[새로 만들기]-[프로젝트]를 클릭한다.
   이름을 "이미지 삽입"으로 지정한다.

2. 폼에 3개의 버튼을 그려본다. 첫 번째 버튼의 Name 속성은 btnRed, Text 속성은 "빨강"으로, 두 번째 버튼의 Name 속성은 btnYellow, Text 속성은 "노랑"으로, 세 번째 버튼의 Name 속성은 btnBlue, Text 속성은 "파랑"으로 설정하고, 마지막 버튼의 Name 속성은 btnExit, Text 속성은 "종료"라고 설정한다.

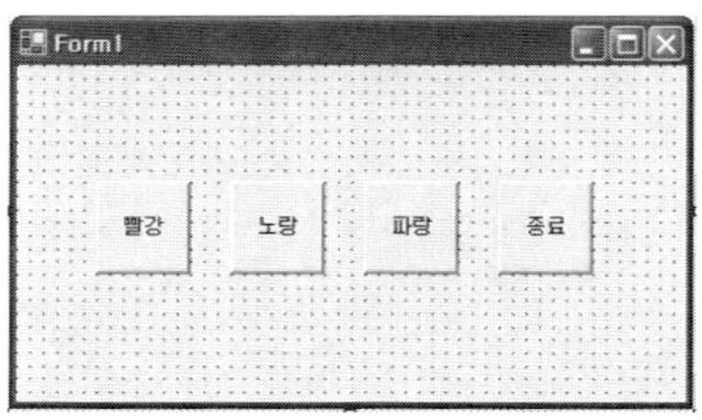

3. 삽입하고자 하는 그림을 "이미지 삽입" 프로젝트 폴더에 "image"라는 폴더를 만든 후 복사한다.

4. 첫 번째, "빨강" 버튼을 선택한다. 왼쪽의 속성 창에서 Image를 선택하면, 파일 열기 창이 뜬다. 여러분이 이미지를 복사해 놓은 "image" 폴더를 찾아 원하는 그림을

선택한다. 아래와 같이 그림이 삽입된다.

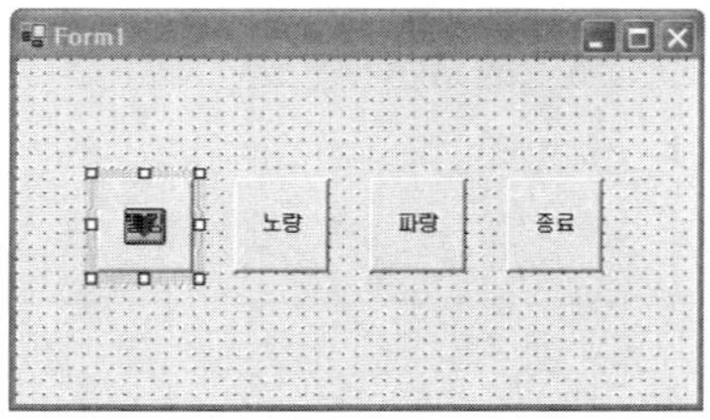

5. 그러나 그림과 글씨가 겹쳐져 보인다. 보기 좋게 정리가 필요하다.
   오른쪽 속성 창에서 ImageAlign 속성을 선택하여, 버튼 안에 그림이 놓여질 원하는 위치를 마우스로 클릭한다.

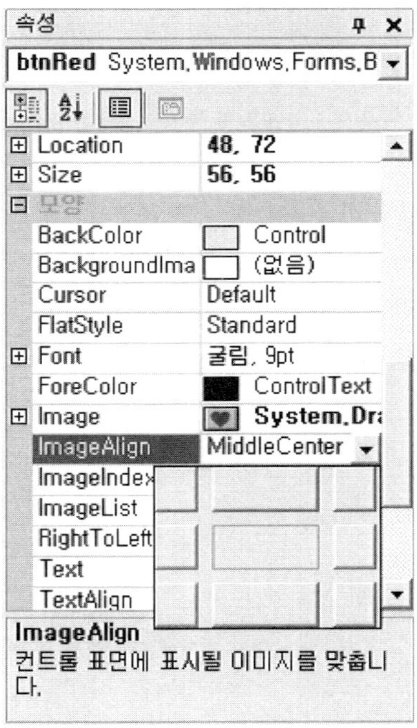

6. 마찬가지로 TextAlign 속성도 선택하여, 버튼 위에 글자를 놓을 원하는 위치를 선택한다.

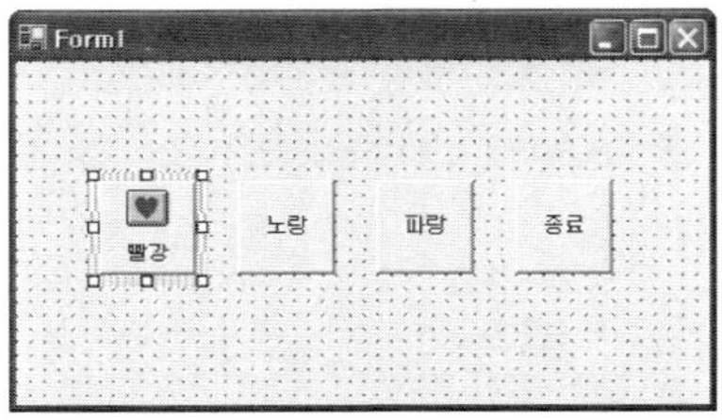

7. 조금 전과는 다르게, 좀더 보기 좋게 정렬이 되었다. 나머지 노랑, 파랑, 종료 버튼도 지금과 같이 그림을 삽입하고, 정렬을 해 본다.

그림과 같이 보기 좋게 정렬이 되었나?
이미지를 삽입하는 건 어렵지 않을 것이다. 이미지를 삽입하는 건, 자신이 원하는 컨트롤에 이미지를 삽입해 주고, Align(정렬)속성을 보기 좋게 선택해 주면 된다.

04 메시지 박스 만들기

메시지 박스는 에러나 경고를 알리기 위한 목적으로 대화상자를 사용하는 것이다. 메시지박스는 MessageBox 함수를 이용한다.

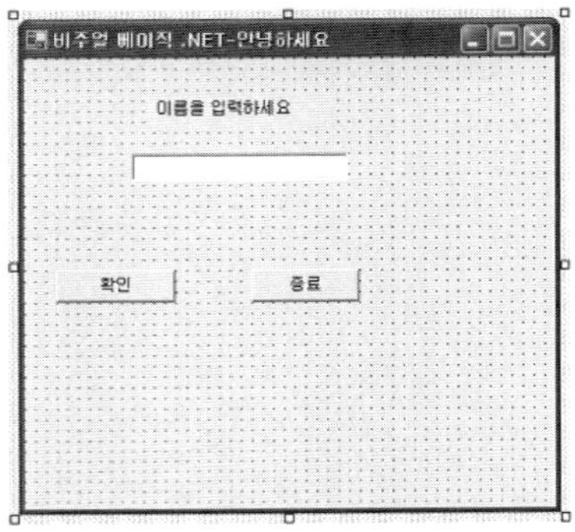

1. 레이블과 텍스트 박스, 버튼 등의 컨트롤을 이용하여 위와 같이 폼을 만든다.

2. "확인" 버튼을 더블클릭 하여 다음과 같이 입력한다.

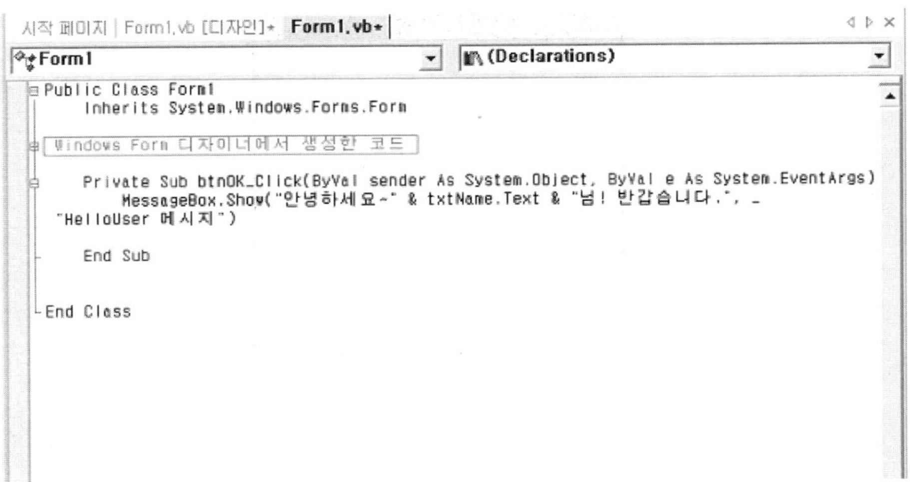

3. 다시 폼으로 돌아가, "종료"버튼을 더블클릭 하여 다음과 같이 추가하여 입력한다.

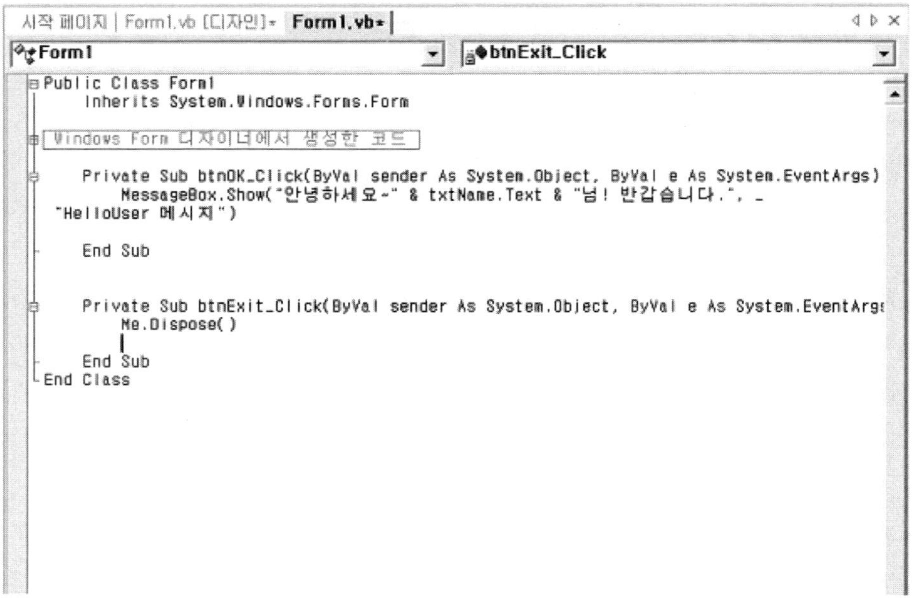

※ 여기에서 "Me.Dispose()"는 "나를 종료하라" 라는 의미이다.

4. 도구모음에 있는 시작버튼(▶)을 눌러 실행한다.

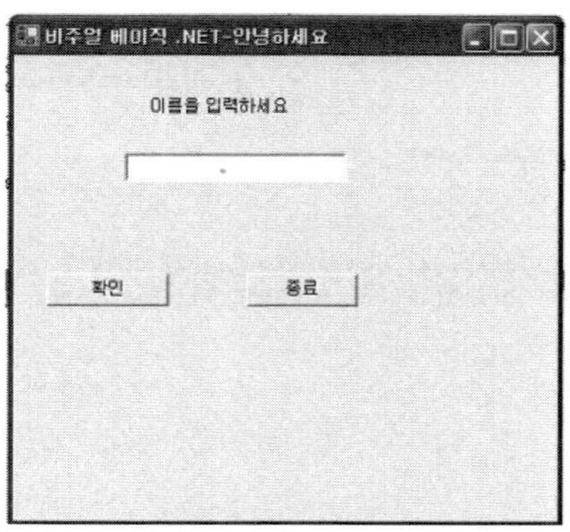

이런 화면이 뜨면, 텍스트 박스에 자신의 이름을 입력한 후, "확인"버튼을 눌러본다.

바로 이것이 메시지 박스이다.

① 메시지 상자에 이용할 수 있는 버튼들

상 수	설 명
AbortRetryIgnore	[중단], [재시도], [무시]버튼
OK	[확인]버튼
OKCancel	[확인], [취소]버튼
RetryCancel	[다시시도]; [취소]버튼
YesNo	[예], [아니오]버튼
YesNoCancel	[예], [아니오], [취소]버튼

② 아이콘 모양 표시

필드 이름	설명	아이콘 표시
IconAsterisk	메시지 박스가 정보 아이콘을 표시하도록 지정	메시지 정보
IconInformation	메시지 박스가 정보 아이콘을 표시하도록 지정	메시지 정보
IconError	메시지 박스가 정지 아이콘을 표시하도록 지정	메시지 경고
IconHand	메시지 박스가 정지 아이콘을 표시하도록 지정	메시지 경고
IconStop	메시지 박스가 정지 아이콘을 표시하도록 지정	메시지 경고
IconExclamation	메시지 박스가 느낌표 아이콘을 표시하도록 지정	중대 메시지
IconWarning	메시지 박스가 느낌표 아이콘을 표시하도록 지정	중대 메시지
IconQuestion	메시지 박스가 물음표 아이콘을 표시하도록 지정	질의 경고

메 모

영재를 위한 프로그래밍 교육론

9장 비주얼베이직 6.0에서 다양한 예제 실습하기

A PROGRAMME FOR THE TALENT

이번 단원에서는 좀더 많은 예제를 실습을 통해 알아보도록 하겠다.

지금까지는 비주얼베이직 닷넷(.NET)에 대해 기본적인 컨트롤과 기본 문법, 간단한 애플리케이션에 대해 다루었다.

이번 단원에서는 비주얼베이직 닷넷(.NET)이전 버전인 비주얼베이직 6.0에서 여러 가지 실습 예제들을 다루어 보도록 하겠다.

비주얼베이직 6.0에서 다양한 예제들을 통해, 비주얼베이직에 좀 더 가까워 질 수 있게 될 것이다.

01 입력한 문자 크기 변경하기

1. 비주얼베이직 6.0을 시작하면, 다음과 같은 화면이 보인다. "표준 EXE"를 선택하고 "열기" 버튼을 누른다.

2. 다음 그림과 같은 화면이 나타난다. 이것이 비주얼베이직 6.0 버전의 화면이다.

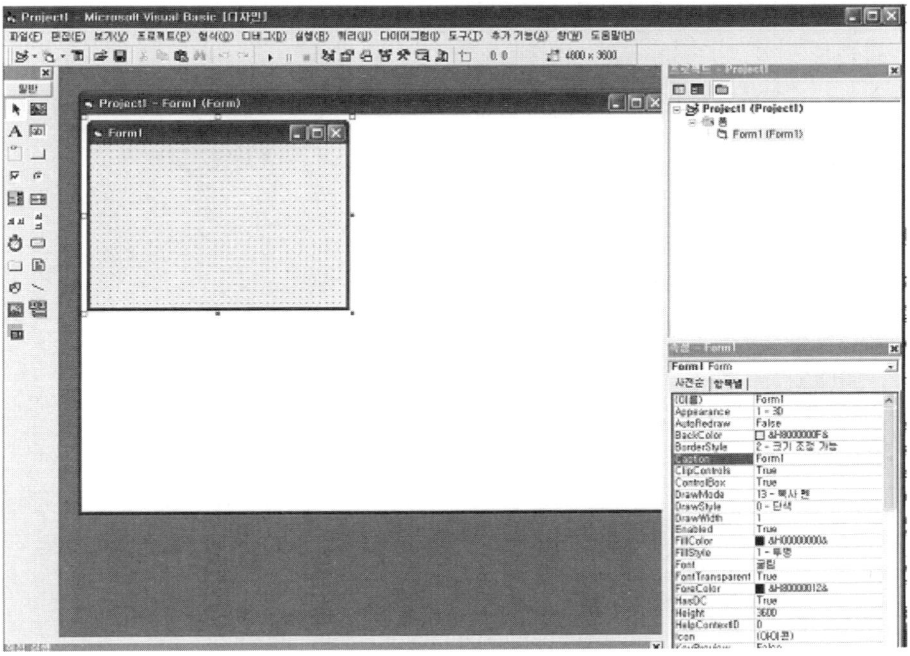

3. 화면 왼쪽에 있는 도구모음에서 컨트롤들을 선택하여, 아래와 같이 화면을 그리고, 각 컨트롤들의 속성을 변경한다.

첫 번째, 레이블의 Caption 속성을 "문자 크기 변경하기"로 설정한다.(여기에서 "Caption"속성은 비주얼베이직 닷넷에서는 "Text" 속성에 해당한다.)

BorderStyle 속성은 "1-단일고정"으로 변경하고, Font 속성을 레이블 크기에 적당하게, 글꼴 및 글자크기를 변경한다.

다른 레이블 및 버튼 속성도 아래 표와 같이 속성을 변경한다.

컨트롤	속성	변경할 값
레이블1	Caption	문자크기 변경하기
	BorderStyle	1-단일고정
레이블2	Caption	문자를 입력하세요
레이블3	Caption	원하는 글자 크기를 입력하세요
레이블4	Caption	결과 확인
레이블5	Caption	삭제
	이름	lblResult
텍스트박스1	이름	txtInput
	Text	삭제
텍스트박스2	이름	txtSize
버튼1	이름	btnResult
	Caption	결과보기
버튼2	이름	btnExit
	Caption	끝내기

4. "결과보기" 버튼을 더블클릭하여, 코드를 다음과 같이 수정한다.

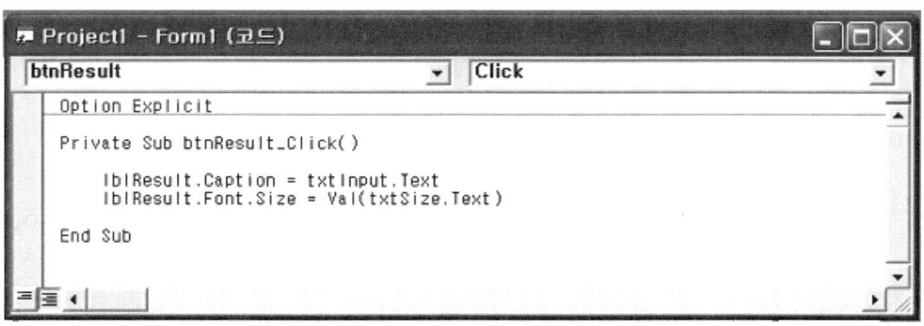

5. “끝내기” 버튼을 더블클릭하여, 코드를 추가한다.

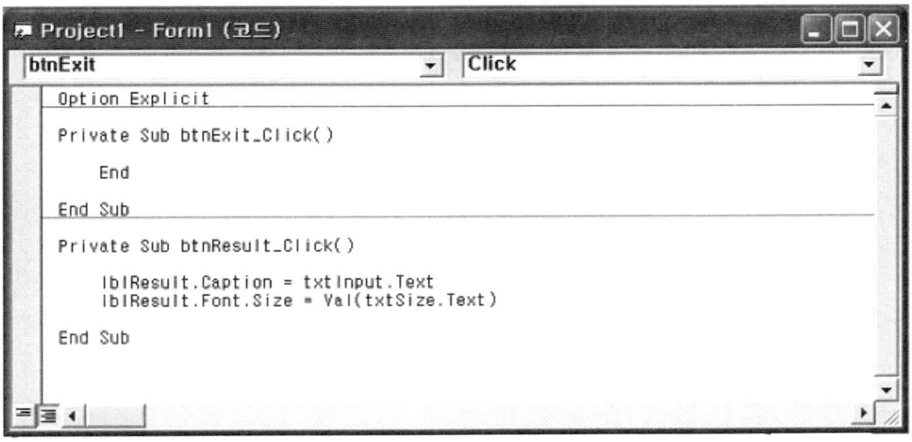

6. 프로젝트를 실행하여 결과를 확인한다.

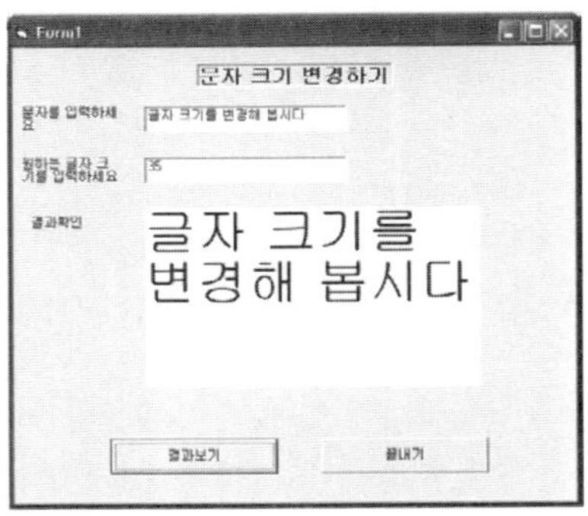

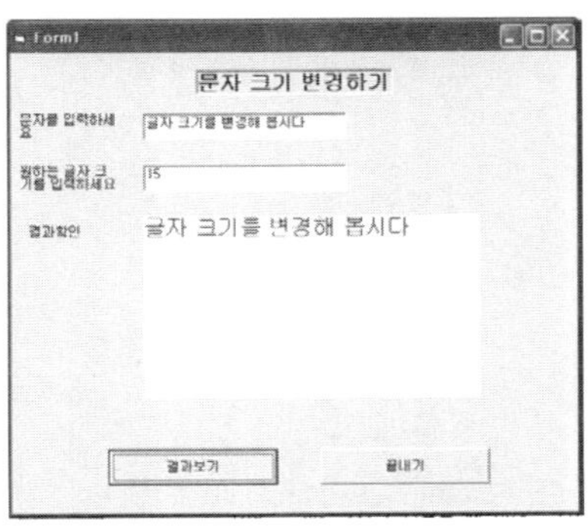

원하는 글씨 크기를 입력할 때마다, 결과가 달라지는 것이 확인될 것이다.

7. [파일]-[프로젝트를 저장]을 선택하여, 원하는 파일명을 입력한 후, 확인 버튼을 누른다. 다시 프로젝트 명을 입력하라고 나온다. 그럼, 프로젝트 명을 입력한 후, 확인 버튼을 누른다.

   하나의 프로젝트 안에는 여러 개의 파일이 포함되어질 수 있다. 따라서 프로젝트 이름과 그 프로젝트 안에 만들어진 파일 이름들을 각각 따로따로 지정해 주어야 한다. 그러나 우리는 지금까지 하나의 프로젝트 안에 하나의 파일만을 만들어 실습하고 있으므로, 파일이름과 프로젝트 이름을 각각 하나씩만 지정해 주면 되는 것이다.

02 입력한 문자 색상 변경하기

1. 위의 입력한 문자 크기를 변경하는 예제를 그대로 이용한다.

   위의 실습 예제 폼에, 입력한 글자의 색상을 변경해 주는 동작을 하기 위한 버튼을 추가하여 그려 넣은 후, 각 컨트롤의 속성을 다음과 같이 변경한다.

컨트롤	속성	변경할 값
레이블1	Caption	문자 색상 변경하기
	BorderStyle	1-단일고정
	AutoSize	True
	Font	굴게, 14
레이블2	Caption	문자를 입력하세요
레이블3	Caption	원하는 글자 크기를 입력하세요
레이블4	Caption	결과 확인
레이블4	Caption	삭제
	이름	lblResult
	BackColor	텍스트 반전
텍스트박스1	이름	txtInput
	Text	삭제
텍스트박스2	이름	txtSize
	Text	삭제
버튼1	이름	btnRed
	Caption	빨강색으로
버튼2	이름	btnGreen
	Caption	초록색으로
버튼3	이름	btnBlue
	Caption	파랑색으로

컨트롤	속성	변경할 값
버튼4	이름	btnYellow
	Caption	노랑색으로
버튼5	이름	btnExit
	Caption	끝내기

2. 코드 보기 창으로 이동하여, 다음과 같이 코드를 수정한다.

```
Private Sub btnRed_Click()


    lblResult.Caption = txtInput.Text
    lblResult.Font.Size = Val(txtSize.Text)
    lblResult.ForeColor = &HFF&


End Sub


Private Sub btnGreen_Click()
```

```
    lblResult.Caption = txtInput.Text
    lblResult.Font.Size = Val(txtSize.Text)
    lblResult.ForeColor = &HC000&

End Sub

Private Sub btnBlue_Click()

    lblResult.Caption = txtInput.Text
    lblResult.Font.Size = Val(txtSize.Text)
    lblResult.ForeColor = &HFF0000

End Sub

Private Sub btnYellow_Click()

    lblResult.Caption = txtInput.Text
    lblResult.Font.Size = Val(txtSize.Text)
    lblResult.ForeColor = &HFFFF&

End Sub

Private Sub btnExit_Click()

    End

End Sub
```

※ 이벤트 핸들러의 순서는 상관없으니, 꼭, 순서대로 하지 않아도 된다.

참고사항

위의 코드 창에서 "ForeColor"에 색상 값을 지정해 주었다.

색상 값을 직접 지정할 경우에는 16진수 값으로 입력을 해 준다. 16진수 값은 속성창의 Color 항목을 선택하여 원하는 색상을 선택하면 알 수 있다.

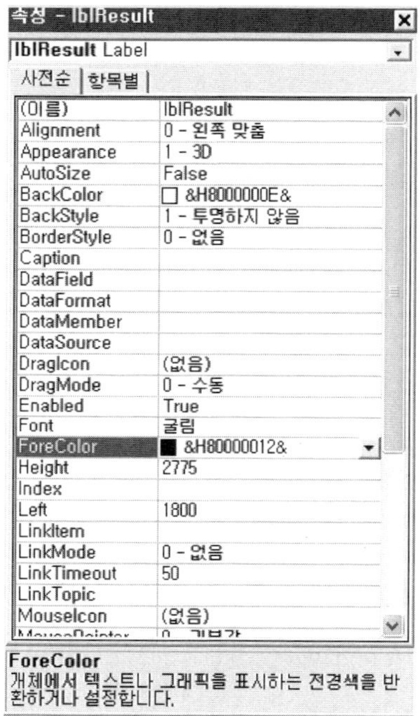

03 텍스트 파일 관리

이번 예제에서는 프로그램에서 입력 받은 데이터를 새로운 텍스트 파일에 저장을 하고, 텍스트 파일에 저장된 데이터를 불러 올 수 있는 “텍스트 파일관리”에 대한 것을 다루어 볼 것이다.

그럼, 파일처리라는 것이 무엇인지 먼저 알아보자.

파일처리란, 디스크와 같은 매체를 이용하여 여러 가지 데이터들을 저장하고 불러오며 수정 및 삽입 삭제와 같은 작업을 하는 것을 말한다. 예를 들어, 어떤 작업을 하다가 갑자기 전원이 차단이 되었을 때 모든 데이터들은 날아가 버리게 된다. 이런 상황에서 처리된 데이터들을 잃지 않으려면 컴퓨터를 계속 켜 놓던지, 보조 기억 장치 등을 이용해야 한다. 이때 보조 기억 장치에 저장하는 데이터 단위가 바로 “파일”이다.

파일을 관리하기 위해서는 파일을 만들기도 하고, 추가하기도 하고, 읽을 수도 있어야 한다.

파일 생성	Open “파일경로, 파일명” For Output As 파일번호
	Print 파일번호, 저장될 내용
	Close 파일번호
파일 추가	Open “파일경로, 파일명” For Append As 파일번호
	Print 파일번호, 저장될 내용
	Close 파일번호
파일 읽기	Open “파일경로, 파일명” For Input As 파일번호
	Input 파일번호, 자료
	Close 파일번호

▶ Open문 형식

Open "파일경로, 파일명" For 파일모드 As 파일(식별)번호

1) 파일경로

파일을 열거나 저장 시 해당하는 경로를 저장하게 된다.

2) 파일모드

- Input 모드 : 해당 파일을 읽을 수만 있고, 쓰기는 할 수 없는 모드이다. 또한 해당 파일은 반드시 지정 경로에 있어야 하고, 그렇지 않으면 "파일을 찾을 수 없습니다."라는 런타임 오류가 발생한다.
- Output 모드 : 해당 파일에 쓰기가 가능해 지는 모드이다. 지정 경로에 파일이 존재하지 않아도 자동으로 새로운 파일이 만들어지고 그 파일에 쓰기를 해주게 된다. 만일 이미 존재하는 파일일 경우에는 그 파일에 내용을 보존하지 않고 덮어쓰기를 한다는 것에 유의하도록 한다.
- Append 모드 : Output 모드와 비슷하지만 기존 파일에 내용에 덮어쓰기를 하는 것이 아니라 기존 내용은 보존한 채 내용을 추가한다는 것이 다른 점이다.

3) 파일(식별)번호

파일을 다루기 위해서는 반드시 파일 식별 번호를 부여해야 한다. #1부터 부여할 수 있지만, 여러 가지 파일을 한꺼번에 다루기 위해서는 임의의 파일번호를 시스템이 직접 부여해 주는 방법이 좋다.

파일 관리를 하는 예제를 직접 실습해 본다.

1. [파일]-[새 프로젝트]를 열어, 폼 위에 다음과 같이 디자인 한다.

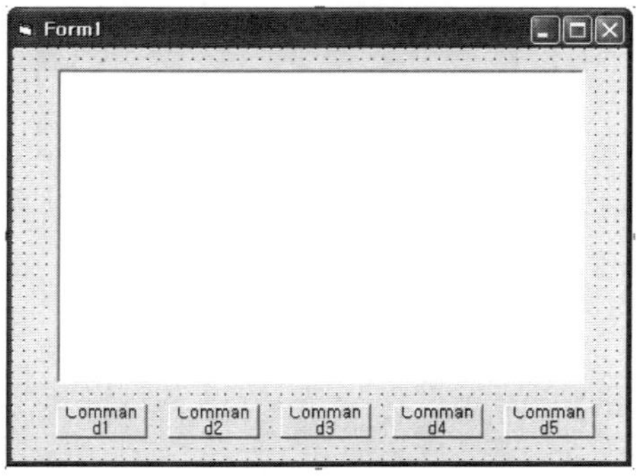

2. 폼 위의 컨트롤들의 속성을 다음과 같이 변경한다.

컨트롤	이름	속성	변경할 값
폼	Form1	Caption	텍스트 파일 관리
텍스트박스	txtInput	MultiLine	True
		Text	삭제
버튼	btnSave	Caption	파일저장
	btnDel	Caption	내용삭제
	btnRead	Caption	파일읽기
	btnAdd	Caption	파일추가
	btnEnd	Caption	종료

3. 속성을 변경한 결과는 다음과 같다.

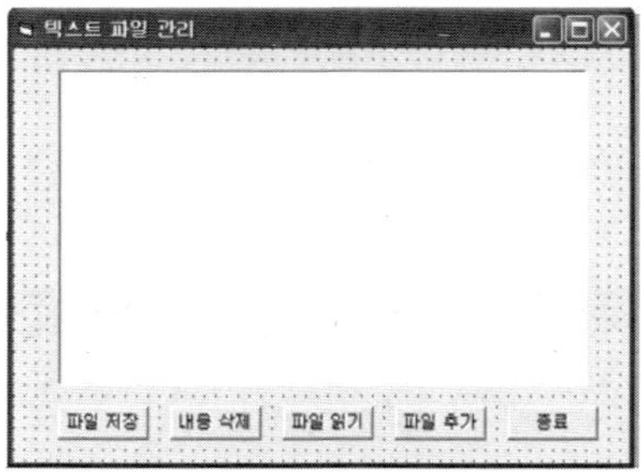

4. "파일 저장" 버튼을 더블클릭하여, 코드를 추가한다.

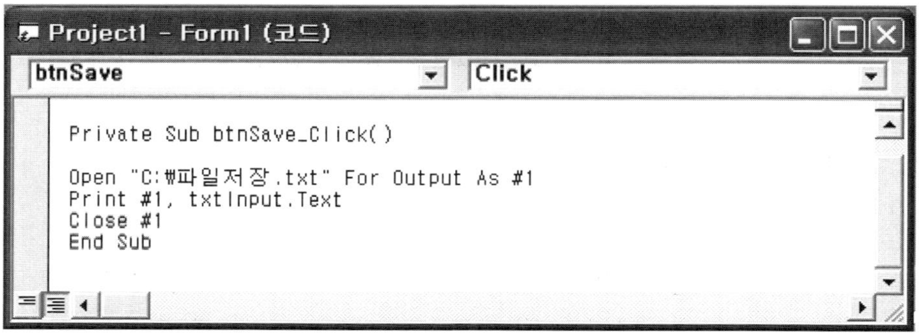

Open "C:\파일저장.txt" For Output As #1	파일의 생성과 번호를 선언
Print #1, txtInput.Text	입력 내용을 파일로 출력
Close #1	파일 닫음

5. "내용삭제" 버튼을 더블클릭하여, 코드를 추가한다.

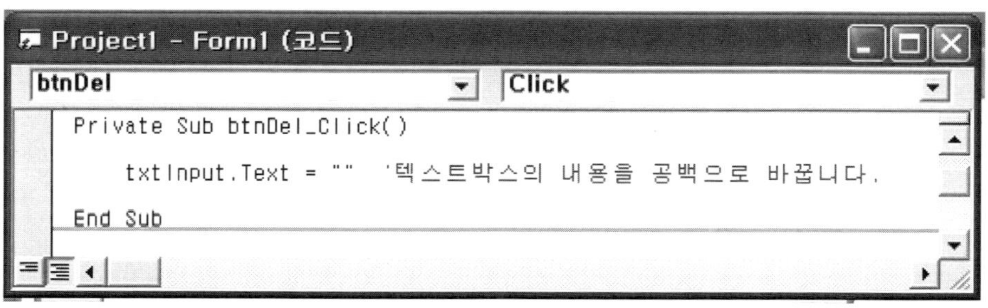

6. "파일읽기" 버튼을 더블클릭하여, 코드를 추가한다.

```
Project1 - Form1 (코드)
btnRead                                  Click

Private Sub btnRead_Click()

    txtInput.Text = ""

    Open "C:₩파일저장.txt" For Input As #1
        Do Until EOF(1)
        Line Input #1, txt
        txtInput.Text = txtInput + txt + Chr$(13) + Chr$(10)
    Loop

    Close #1

End Sub
```

Open "C:\파일저장.txt" For Input As #1	파일의 끝줄을 읽을 때 까지 반복
Do Until EOF(1)	
Line Input #1, txt	읽은 한 줄을 txt변수에 읽음
txtInput.Text = txtInput + txt + Chr$(13) + Chr$(10)	txtInput.Text에 txt 내용을 계속 추가
Loop	

7. "파일추가" 버튼을 더블클릭하여, 코드를 추가한다.

```
Project1 - Form1 (코드)
btnAdd                                   Click

Private Sub btnAdd_Click()

    Open "C:₩파일저장.txt" For Append As #1
    Print #1, txtInput.Text
    Close #1

End Sub
```

Open "C:\파일저장.txt" For Append As #1	추가할 파일과 번호를 선언
Print #1, txtInput.Text	txtInput.txt 내용을 파일에 출력
Close #1	

8. "종료" 버튼을 더블클릭하여, 코드를 추가한다.

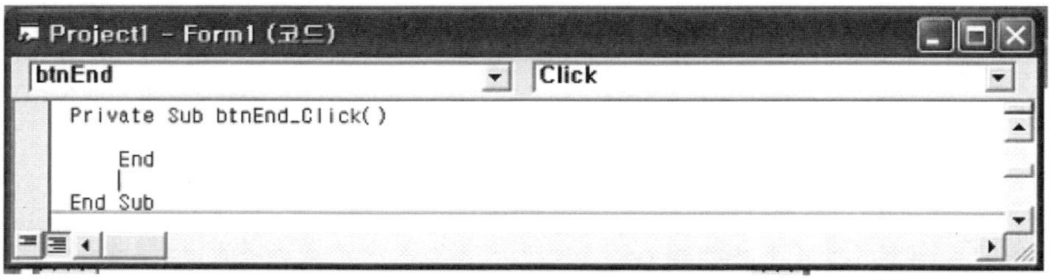

9. 프로젝트를 실행하여, 결과를 확인한다.

① 텍스트 박스에 내용을 입력하고, "파일저장" 버튼을 클릭한다.

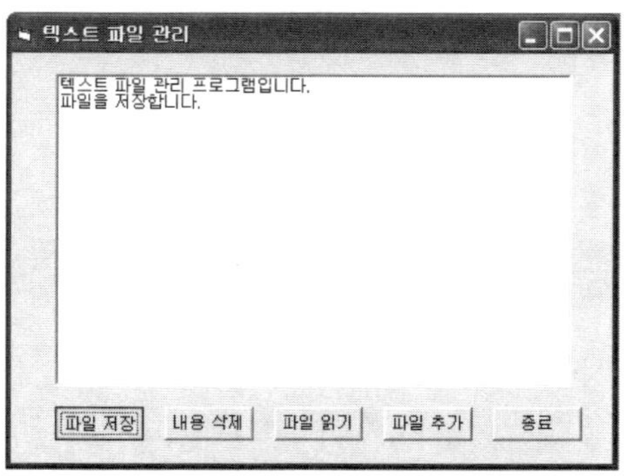

② "내용삭제" 버튼을 선택하여, 텍스트 박스의 내용을 모두 지운다.

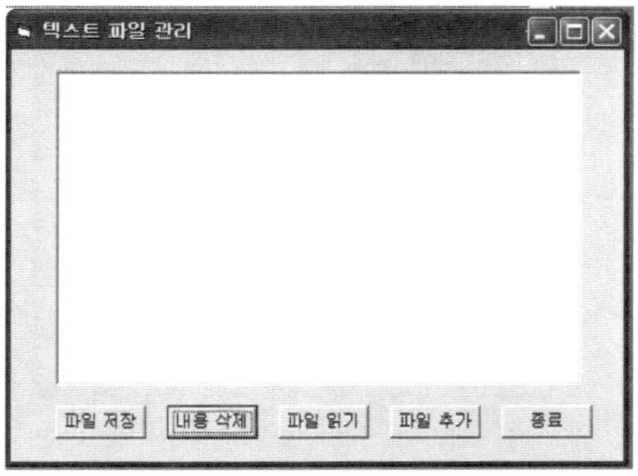

③ "파일읽기" 버튼을 클릭하여, 파일을 불러온다.

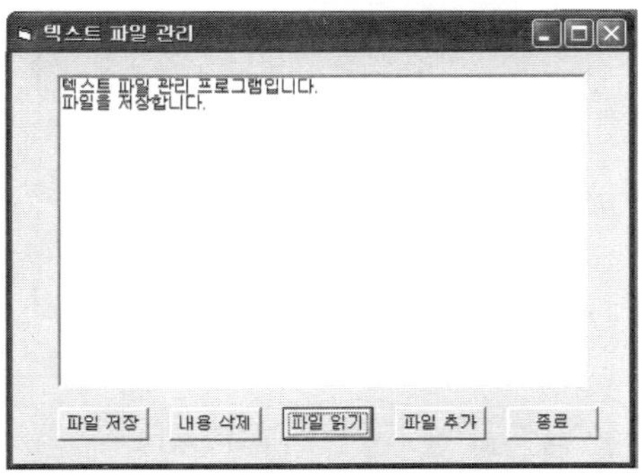

④ 다시 "내용 삭제" 버튼을 클릭하여, 텍스트 박스의 내용을 지운다.

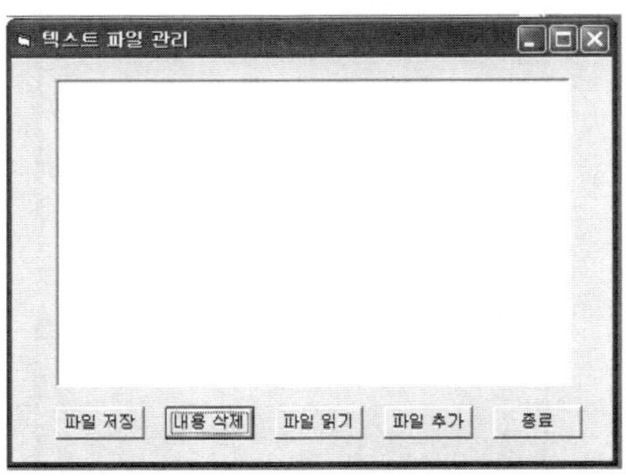

⑤ 텍스트 상자에 내용을 입력하고, "파일 추가" 버튼을 클릭한다.

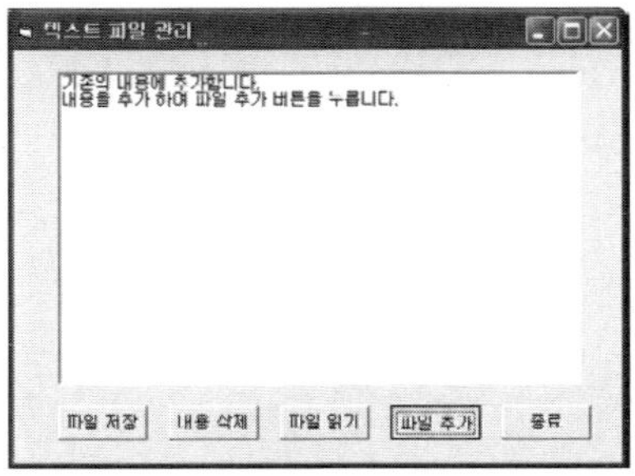

⑥ "파일읽기" 버튼을 클릭하여, 추가된 내용을 확인한다.

⑦ "내용삭제" 버튼을 클릭한 후, 다시 "파일저장" 버튼을 클릭한다.

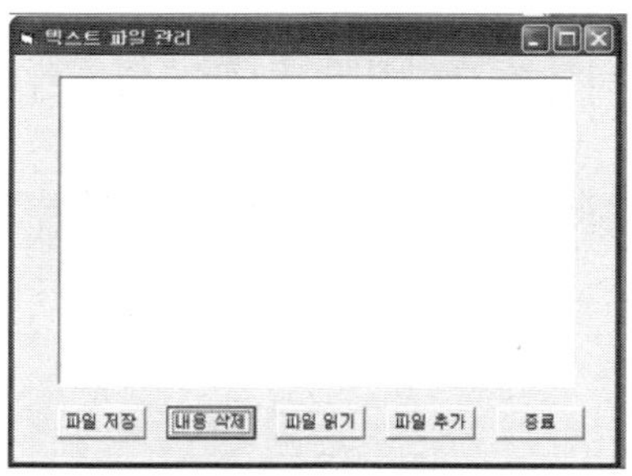

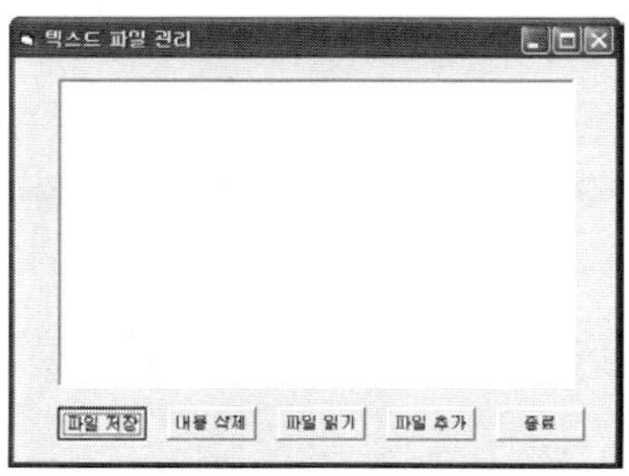

⑧ "파일읽기" 버튼을 클릭하여 내용을 확인한다.

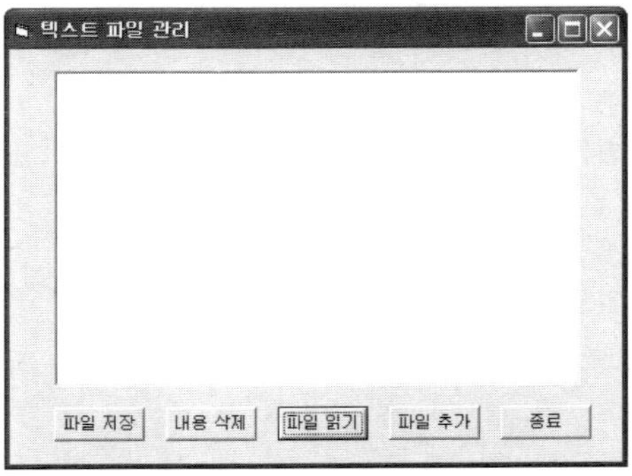

텍스트 박스의 내용을 모두 지운 상태에서 파일을 저장했기 때문에 아무 내용이 없을 것이다.

지금까지 텍스트 파일을 관리하는 방법에 대해서 배웠다. 윈도우 탐색기에서 파일을 만들지 않고, 프로그램을 작성하면서 파일을 바로 만들고, 그 파일의 내용을 읽고, 지우고, 추가할 수가 있는 것이다.

그러면, 윈도우 탐색기에 "파일저장.txt"가 존재하는지 직접 찾아보자.

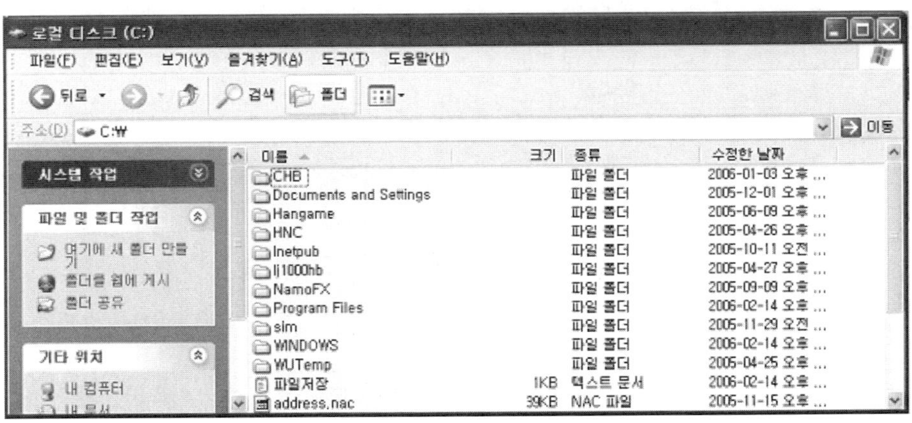

04 개인 정보 관리 프로그램 만들기

이번 예제에서는 비주얼베이직에서 쓰이는 컨트롤들을 다양하게 이용하여 프로그램을 만들어 보려고 한다.

지금까지의 예제는 레이블, 텍스트박스, 명령 버튼 등을 위주로 사용하였지만, 이번 실습 예제에서는, 라디오 버튼, 체크 버튼, 체크 리스트 등 다양한 컨트롤을 다루어 보고자 한다.

다양한 컨트롤을 사용하므로, 프로그램도 다소 복잡해 질 수 있다. 천천히 잘 따라해 보자.

1. 폼을 열어 컨트롤을 추가하고, 속성을 지정한다,
   한 화면에 여러 컨트롤이 사용되므로, 한꺼번에 컨트롤을 그리고 속성을 변경하면 복잡하므로, 조금씩 여러 단계에 나누어 진행하도록 하겠다.

컨트롤	이름	속성	변경할 값
폼	Form1	Caption	개인정보관리
레이블	Label1	Caption	이름
		Autosize	True
	Label2	Caption	주민번호
		Autosize	True
텍스트박스	txtName	Text	삭제
	txtJumin	Text	삭제
		MaxLength	13
버튼	btnAdd	Caption	등록

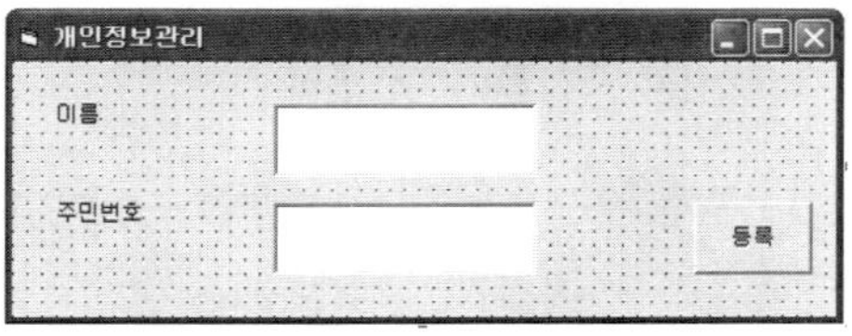

2. 텍스트 박스 옆에 프레임 컨트롤을 선택하여 그려준다.
   도구 모음에서 옵션 버튼을 클릭하여, 프레임 안에 두 개를 그려준다. 속성을 다음과 같이 변경한다.

컨트롤	이름	속성	변경할 값
프레임	Frame1	Caption	성별
옵션버튼	Option1	Caption	남
		Name	optMale
	Option2	Caption	여
		Name	optFemale

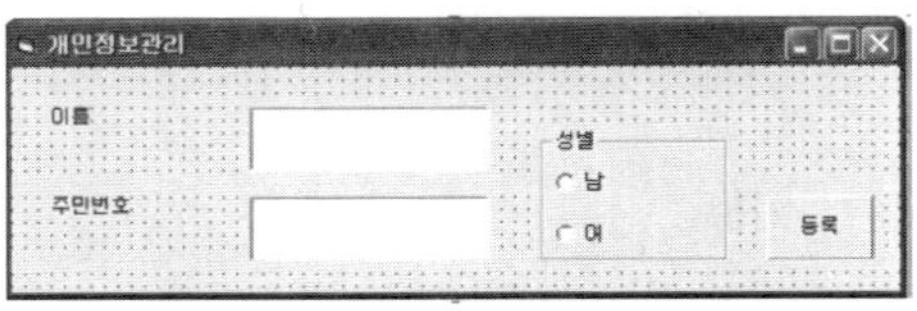

3. 폼의 아래 부분에 프레임을 하나 더 추가하여 그리고, 그 안에 체크 버튼 3개를 추가한다.

컨트롤	이름	속성	변경할 값
프레임	Frame2	Caption	취미
체크버튼	Check1	Caption	운동
		Name	chkSports
	Check2	Caption	음악감상
		Name	chkMusic
	Check3	Caption	컴퓨터
		Name	chkPC

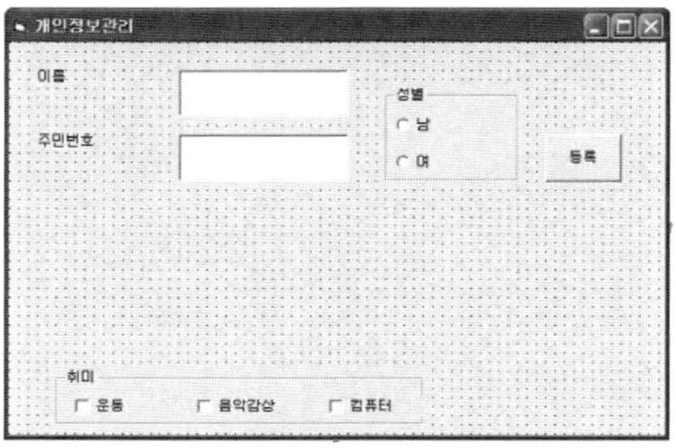

4. 레이블과 콤보박스를 하나씩 추가하고, 속성을 다음과 같이 지정한다.

컨트롤	이름	속성	변경할 값
레이블	Label3	Caption	학력
		Autosize	True
콤보박스	Combo1	Name	cboSchool
		List	중졸, 고졸, 대졸
		Text	삭제

리스트 속성에 항목 입력 방법은 다음과 같다.

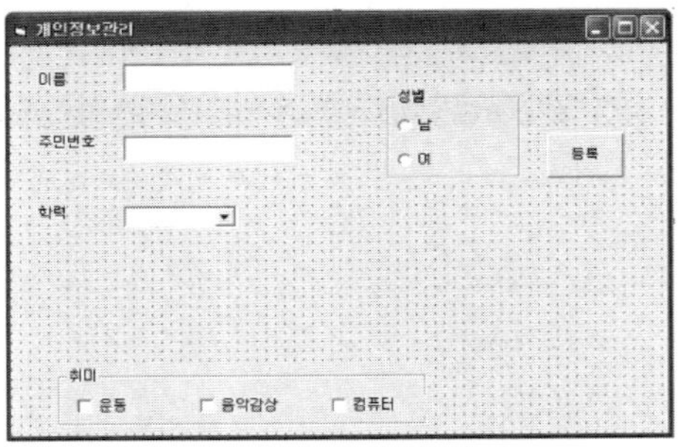

5. 학력 레이블 아래에 레이블과 리스트 박스를 하나씩 추가하여 그리고, 속성을 변경 한다.

컨트롤	이름	속성	변경할 값
레이블	Label4	Caption	지역
		Autosize	True
리스트박스	List1	Name	lstCity
		List	서울시, 경기도, 강원도, 경상도, 충청도, 전라도, 제주도

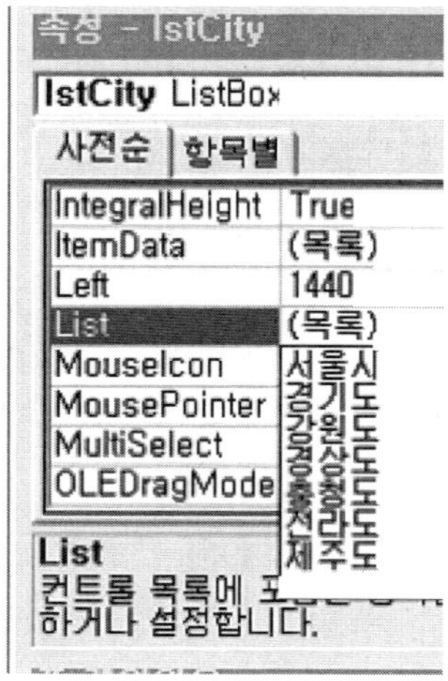

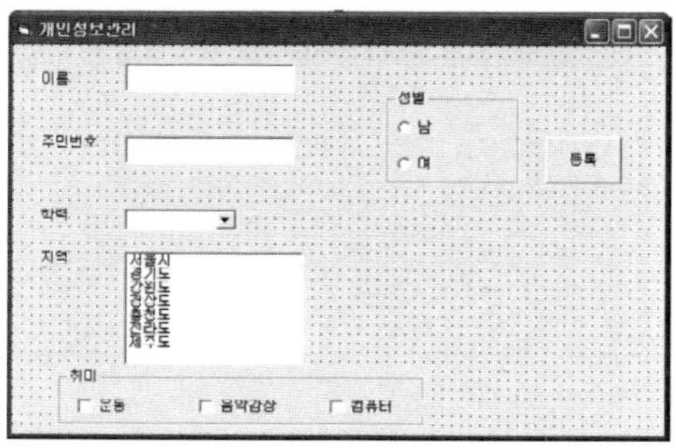

6. 버튼을 하나 추가하여 그리고 Caption 속성은 “종료”, Name 속성은 “btnEnd”로 변경한다.

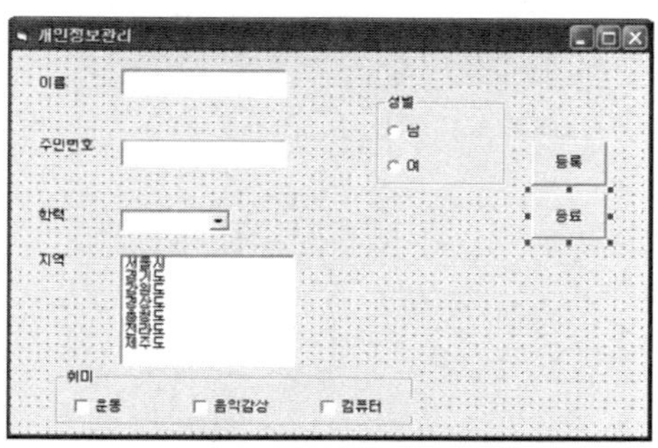

7. 종료 버튼을 더블클릭하여, 코드를 추가한다.

```
Private Sub btnEnd_Click()
   Dim Ans As Integer
   Ans = MsgBox("저장하지 않고 종료하시겠습니까?", vbOKCancel + _
            vbCritical, "종료")
   If Ans = 1 Then
      End
   Else
      Exit Sub
   End If
End Sub
```

8. 프로그램을 실행시킨 후, 종료 버튼을 누르면 다음과 같은 결과가 나온다.

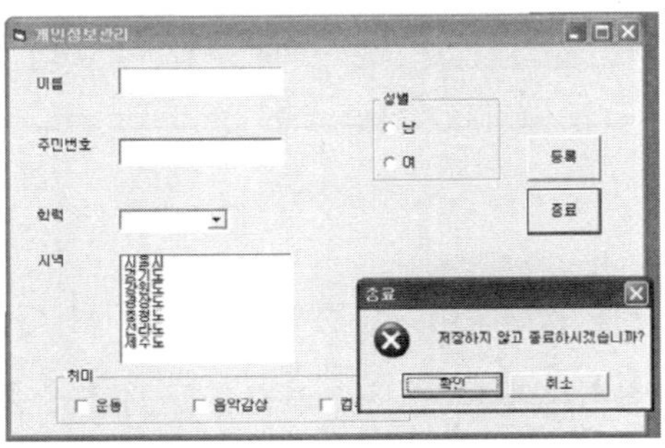

9. 타이머(Timer)와 레이블을 하나씩 추가하여, 속성을 변경한다.

컨트롤	이름	속성	변경할 값
레이블	Label5	Name	lblTimer
		Caption	삭제
		Autosize	True
		BorderStyle	1-단일고정
		BackColor	검정
		Font	굵게, 11
		ForeColor	흰색
타이머	Timer1	Interval	1000

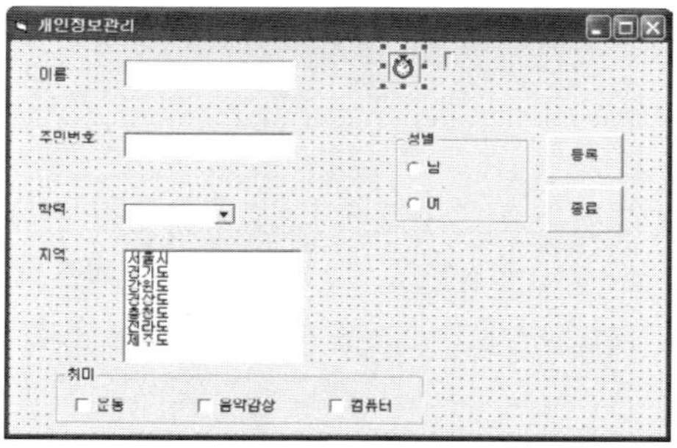

10. 타이머 컨트롤을 더블 클릭하여, 이동한 코드 창에서 다음과 같이 코드를 작성한다. “Time”이라는 함수는 현재 컴퓨터 시스템의 시간을 출력해 주는 함수이다.

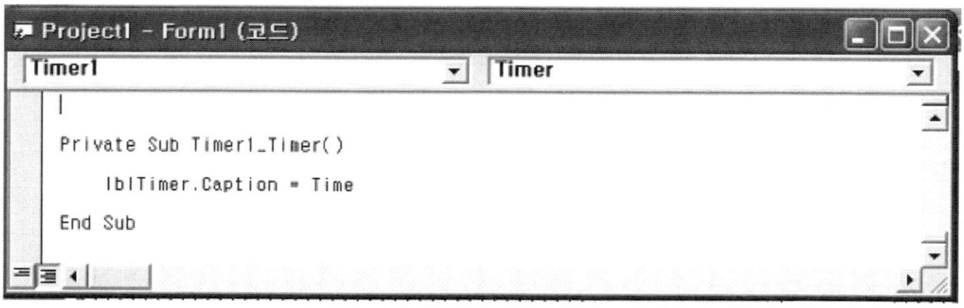

11. 프로그램을 실행하여, 결과를 확인한다. 오른쪽 위에, 시간이 나타나는 것이 보인다.

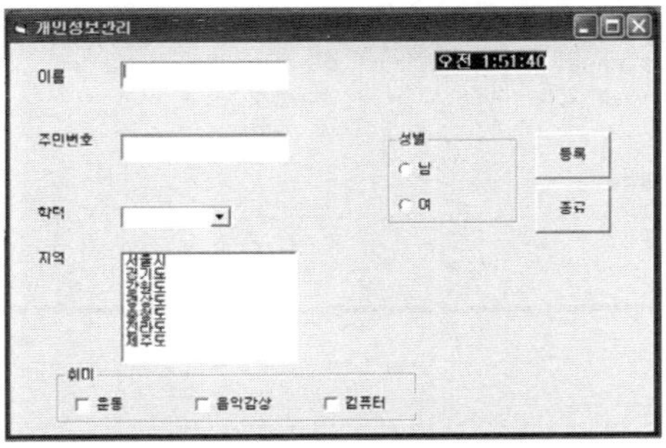

12. 레이블을 하나 추가 시킨 후, 레이블의 속성을 지정한다.

컨트롤	이름	속성	변경할 값
레이블	Label6	Name	lblResult
		Caption	삭제
		Autosize	True

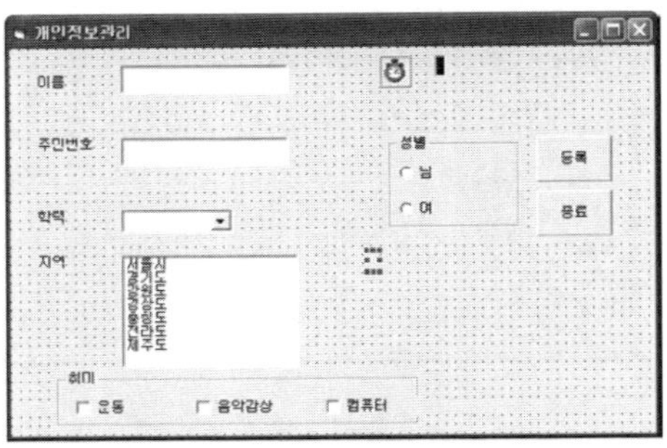

13. 등록 버튼을 더블클릭하여, 코드 창으로 이동한다. 등록 버튼에 해당하는 프로시저에 코드를 추가한다.

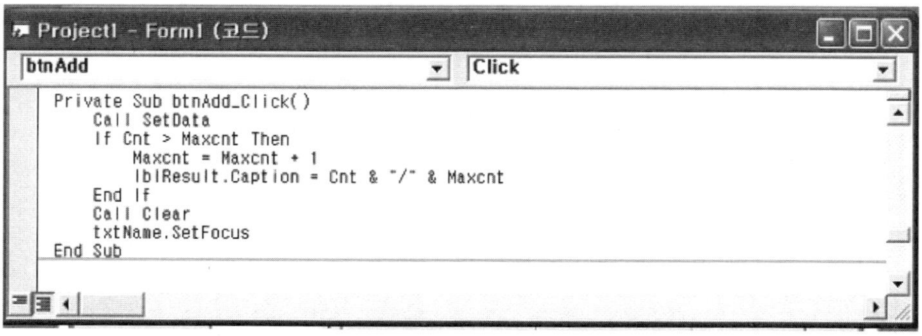

```
Project1 - Form1 (코드)
btnAdd                          Click

Private Sub btnAdd_Click()
    Call SetData
    If Cnt > Maxcnt Then
        Maxcnt = Maxcnt + 1
        lblResult.Caption = Cnt & "/" & Maxcnt
    End If
    Call Clear
    txtName.SetFocus
End Sub
```

14. 폼 위에 버튼 2개를 추가하고, 버튼의 속성을 다음과 같이 변경한다.

컨트롤	이름	속성	변경할 값
버튼	Command3	Name	btnRew
		Caption	〈
	Command4	Name	btnFF
		Caption	〉

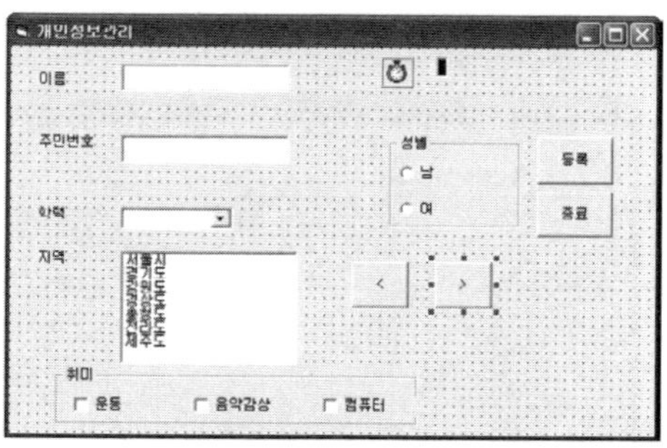

15. "〉" 버튼을 더블클릭하여, 코드를 추가한다.

```
Project1 - Form1 (코드)
btnFF                                   Click

Private Sub btnFF_Click()
    If Cnt = 1000 Then
        Exit Sub
    End If

    Select Case Cnt
        Case Is = Maxcnt
            Call Clear
            lblResult.Caption = Cnt & "/신규"
        Case Is < Maxcnt
            Cnt = Cnt + 1
            Call GetData
            lblResult.Caption = Cnt & "/" & Maxcnt
    End Select
End Sub
```

16. 폼에서 "<" 버튼을 더블클릭하여, 코드를 추가한다.

```
Project1 - Form1 (코드)
btnRew                                  Click

Private Sub btnRew_Click()
    If Cnt = 1 Then
    Exit Sub
    End If

    Cnt = Cnt - 1
    Call GetData
    lblResult.Caption = Cnt & "/" & Maxcnt
End Sub
```

17. 버튼 하나를 더 추가하고, Name 속성을 "btnSave"로, Caption 속성을 "저장"으로 지정한다.

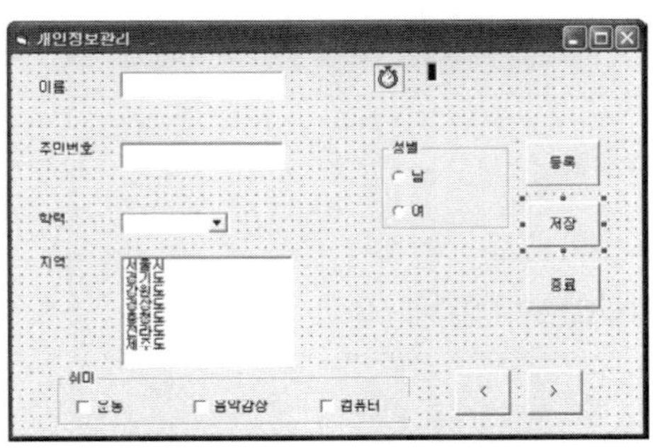

18. 저장 버튼을 더블클릭하여, 해당 프로시저에 코드를 추가한다.

```
Private Sub btnSave_Click()
  Dim i As Integer
    Open "C:\data.txt" For Output As #2
    For i = 1 To Maxcnt
      Write #2, Data(1, i), _
           Data(2, i), _
           Data(3, i), _
           Data(4, i), _
           Data(5, i), _
           Data(6, i), _
           Data(71, i), _
           Data(8, i)
    Next i
    Close #2
    MsbBox "저장되었습니다", vbInformation, "저장확인"

End Sub
```

19. 입력받은 데이터를 처리하는 프로시저들을 추가한다.
    아래와 같이 코드를 입력하자.

```
Dim Data(8, 1000) As String


Dim Cnt As Integer  '레코드의 개수를 세기 위한 변수
```

```
Dim Maxcnt As Integer    '
Const DataFile = "c:\data.txt"

Sub GetData()
   txtName.Text = Data(1, Cnt)
   txtJumin.Text = Data(2, Cnt)
      cboSchool.Text = Data(3, Cnt)
   If Data(4, Cnt) = "1" Then
      optMale.Value = True
   Else
      optFemale.Value = True
   End If
   lstCity.ListIndex = Val(Data(5, Cnt))
   chkSports.Value = Val(Data(6, Cnt))
   chkMusic.Value = Val(Data(7, Cnt))
   chkPC.Value = Val(Data(8, Cnt))
End Sub

Sub Clear()
   txtName.Text = ""
   txtJumin.Text = ""
   cboSchool.Text = ""
   optMale.Value = True
   lstCity.ListIndex = 0
   chkSports.Value = 0
   chkMusic.Value = 0
```

```
    chkPC.Value = 0
End Sub

Sub SetData()

    Cnt = Cnt + 1
    Data(1, Cnt) = txtName.Text
    Data(2, Cnt) = txtJumin.Text
    Data(3, Cnt) = cboSchool.Text

    If optMale.Value = True Then
        Data(4, Cnt) = 1
    Else
        Data(4, Cnt) = 2
    End If

    Data(5, Cnt) = lstCity.ListIndex
    Data(6, Cnt) = chkSports.Value
    Data(7, Cnt) = chkMusic.Value
    Data(8, Cnt) = chkPC.Value
End Sub

Private Sub Form_Load()
    If Dir("C:\data.txt") = "" Then
    Call Clear
    Cnt = 0
```

```
  Maxcnt = 0
  lblResult.Caption = "1/신규"
  Else
  Maxcnt = 0
  Open "C:\data.txt" For Input As #1
     Do Until EOF(1)
        Maxcnt = Maxcnt + 1
        Input #1, Data(1, Maxcnt)
        Input #1, Data(2, Maxcnt)
        Input #1, Data(3, Maxcnt)
        Input #1, Data(4, Maxcnt)
        Input #1, Data(5, Maxcnt)
        Input #1, Data(6, Maxcnt)
        Input #1, Data(7, Maxcnt)

        Input #1, Data(8, Maxcnt)
        Loop
  Close #1

  Cnt = 1
  Call GetData
  lblResult.Caption = Cnt & "/" & Maxcnt

  End If

End Sub
```

19. 프로젝트를 실행하여, 결과를 확인한다.

각 항목에 데이터를 입력하여, 등록하고, 저장한다.

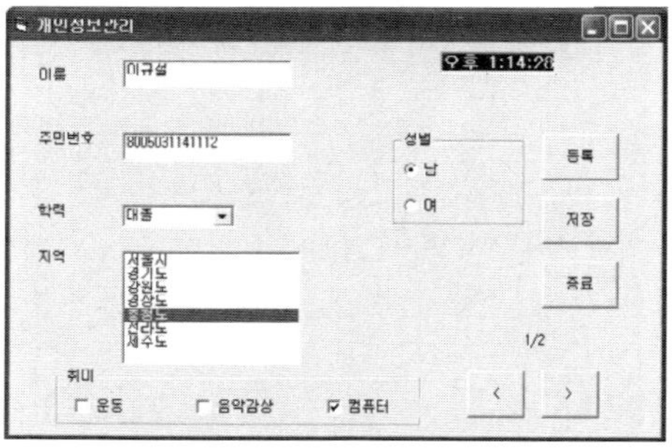

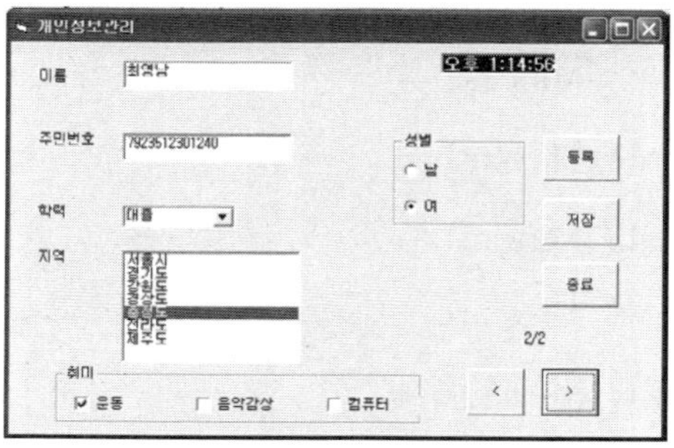

여기에서는 예로, 두 명의 정보를 등록하여 저장하였다.

오른쪽 아래에 위치한 버튼으로, 등록되어진 사람들의 정보를 다시 볼 수 있고, 수정할 사항이 있다면, 수정하여 저장 버튼을 누르면 된다.

05 전화번호부 만들기

친구들의 전화번호부를 만들어 본다면, 친구들의 연락처를 관리하기가 훨씬 쉬워진다. 지금까지 배운 비주얼베이직 프로그램으로 친구들의 전화번호부를 만들어 보도록 한다.

전화번호부를 만들기 위해서는 지금까지 배운 내용보다 조금 더 어려운 내용들이 나오기도 한다. 새로운 내용은 좀 더 자세한 설명으로 다루어질 것이므로, 천천히 잘 따라하면서 익혀보자.

01 폼 디자인하기

1. 폼을 하나 실행시킨 후, 도구 상자에서 레이블 컨트롤을 선택하여, 3개의 레이블을 만든다.

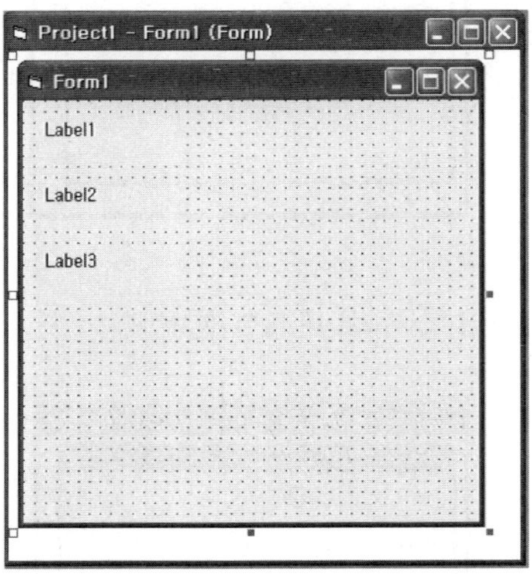

2. 텍스트 박스 컨트롤을 선택하여, 3개의 텍스트 박스를 레이블 옆에 나란히 그린다.

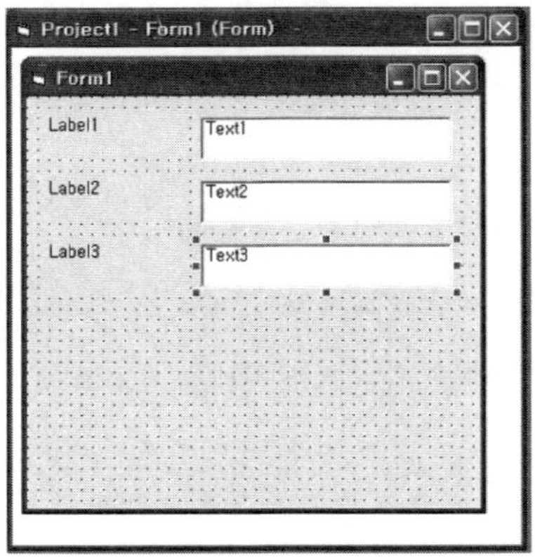

3. 데이터 컨트롤을 이용하여, 다음과 같이 그린다.

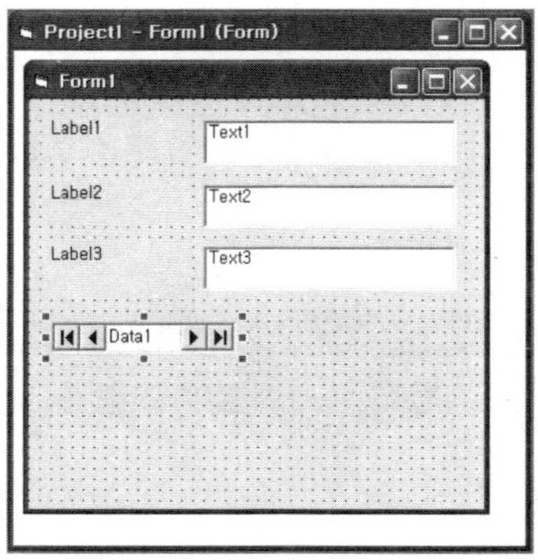

4. 버튼 컨트롤을 선택하여, 두 개의 버튼을 추가한다.

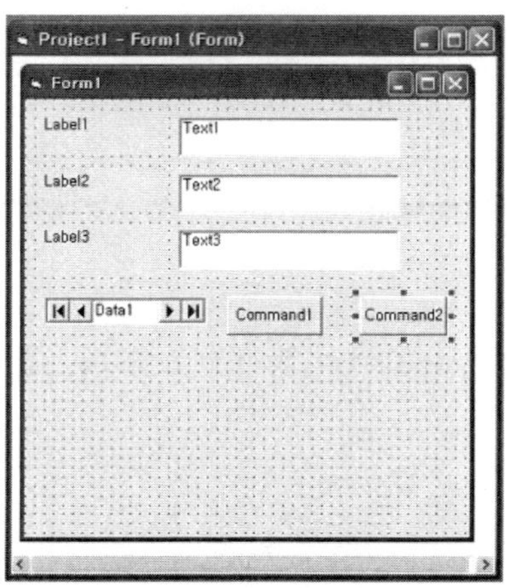

5. 도구 모음 탭에서 마우스 오른쪽 버튼을 눌러 "구성요소"를 선택한다.

6. 아래 그림과 같은 구성 요소 창에서 "Microsoft Data Bound Grid Control"을 체크 하고 확인 버튼을 클릭한다.

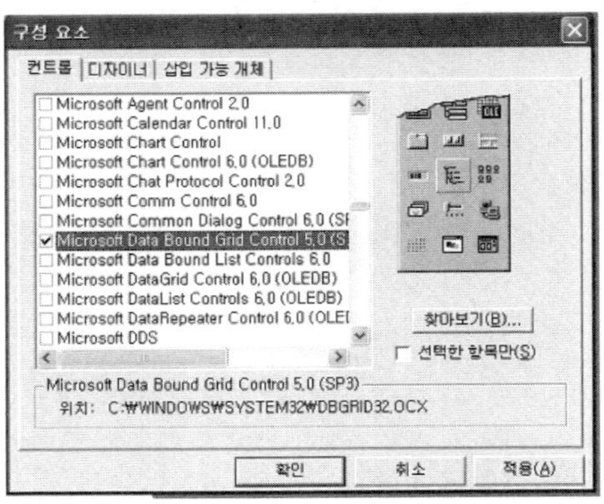

7. 도구 모음에 생긴 DBGrid 컨트롤을 선택하여, 그리드 상자를 그린다.

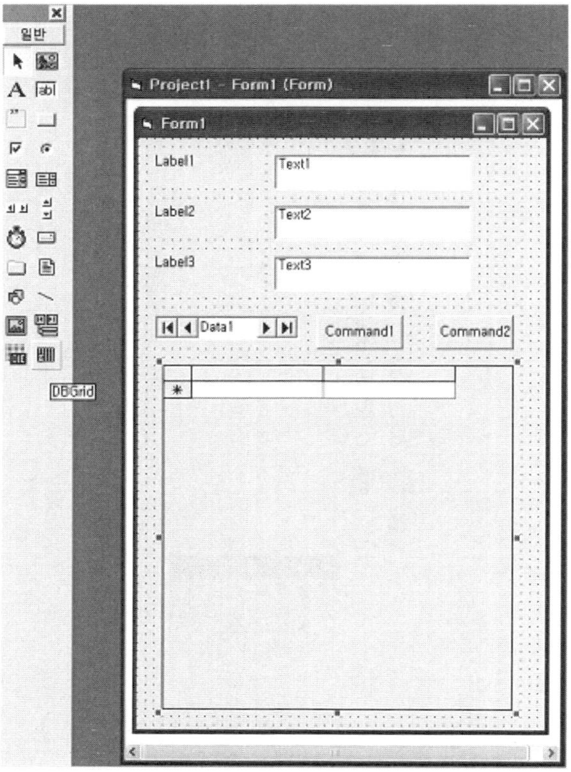

8. 이제, 각 컨트롤들의 속성을 지정할 차례이다.
   아래 표를 보고, 각 컨트롤들의 속성을 변경해 보자.

① 폼 속성

컨트롤	이름	Caption
Form1	frmPhone	전화번호부

② 레이블 속성

컨트롤	AutoSize	BackStyle	Caption	Font
Label1	True	0-투명	이름	18
Label2			주소	
Label3			전화번호	

③ 텍스트 박스 속성

컨트롤	이름	DataField	DataShource	Font	Text
Text1	txtName	이름	datPhone	12	삭제
Text2	txtAddr	주소			
Text3	txtNum	전화번호			

④ 데이터 컨트롤 속성

Data1	
이름	datPhone
Caption	삭제
Connect	Access
DatabaseName	Phone.mdb
RecordsetType	1-다이너셋
RecoreSource	전화번호부

※ RecordSource 속성이 정해지지 않을 것이다. 데이터 파일 만들기는 폼 디자인하기 이후에 좀더 자세히 설명하겠다. 데이터 파일 만들기를 한 후, 다시 지정해 보자.

⑤ 버튼 속성

컨트롤	이름	Caption
Command1	btnAdd	추가
Command1	btnDel	삭제

⑥ DBGrid 컨트롤 박스 속성

컨트롤	이름	Caption	DataSource
DBGrid1	dbgrdPhone	전화번호부	datPhone

9. 속성 지정을 모두 마쳤다면, 아래와 같은 화면이 보인다.

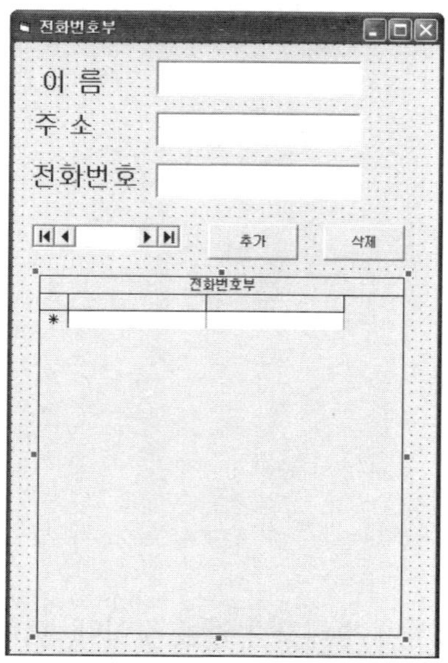

02 데이터 파일 만들기

데이터 컨트롤 속성 중 "DatabaseName = Phone.mdb"라고 지정하였기 때문에 "Phone.mdb" 데이터베이스 파일을 만들어야 한다.

1. 메뉴의 [추가기능] – [비주얼 데이터 관리자] 메뉴를 선택한다.

2. 비주얼 데이터 관리자가 나타난다.

3. [파일] – [새 파일] – [Microsoft Access] – [Version 7.0 MDB] 메뉴를 선택한다.

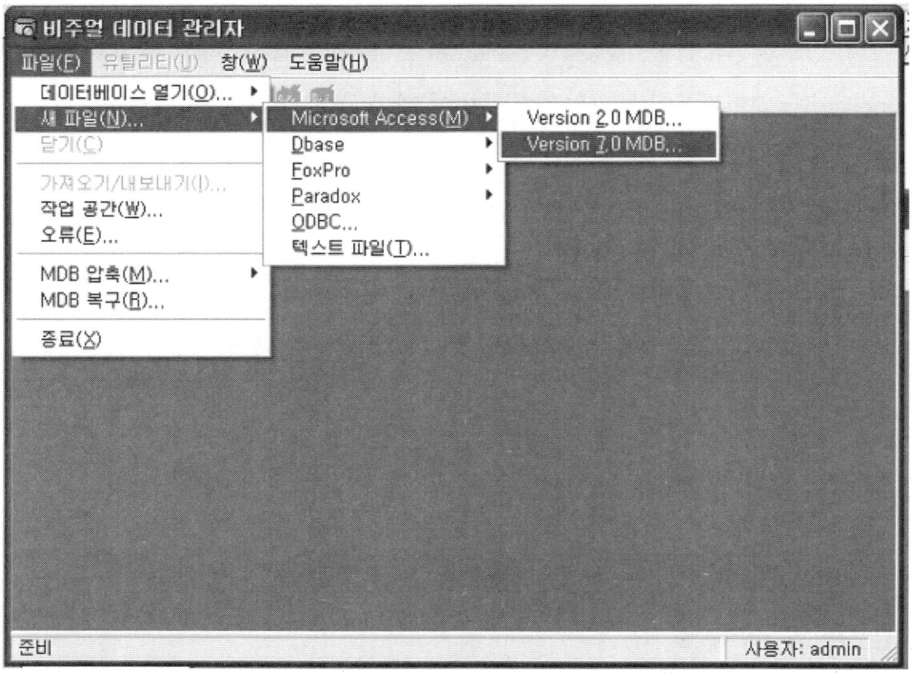

4. 파일 이름을 "Phone"이라고 지정하고, 저장 버튼을 누른다.

이때, 파일이 저장될 위치는 여러분이 원하는 위치로 지정하자.

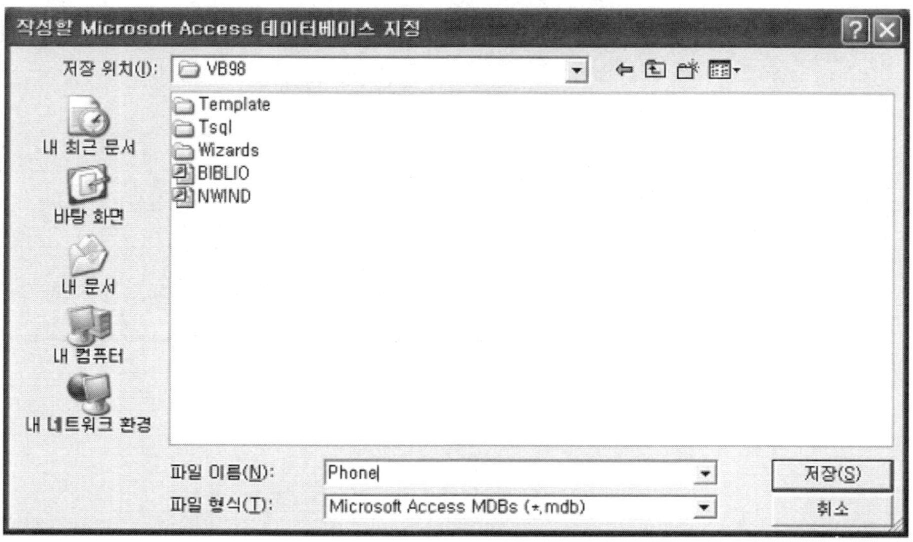

5. 데이터베이스 창이 나타난다.

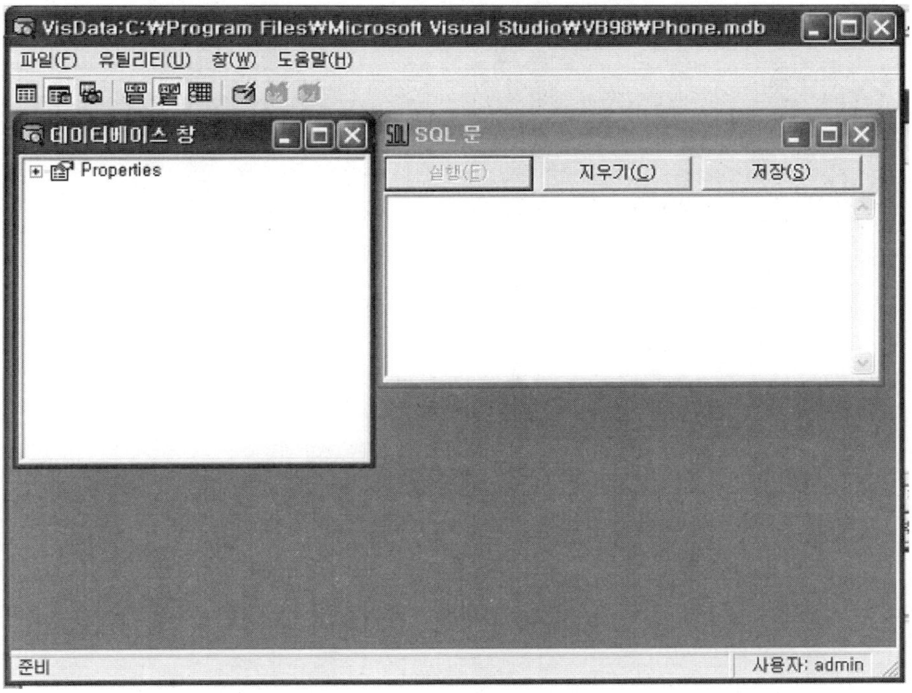

6. 데이터베이스 창에서 마우스 오른쪽 버튼을 클릭하여, [새 테이블] 메뉴를 선택한다.

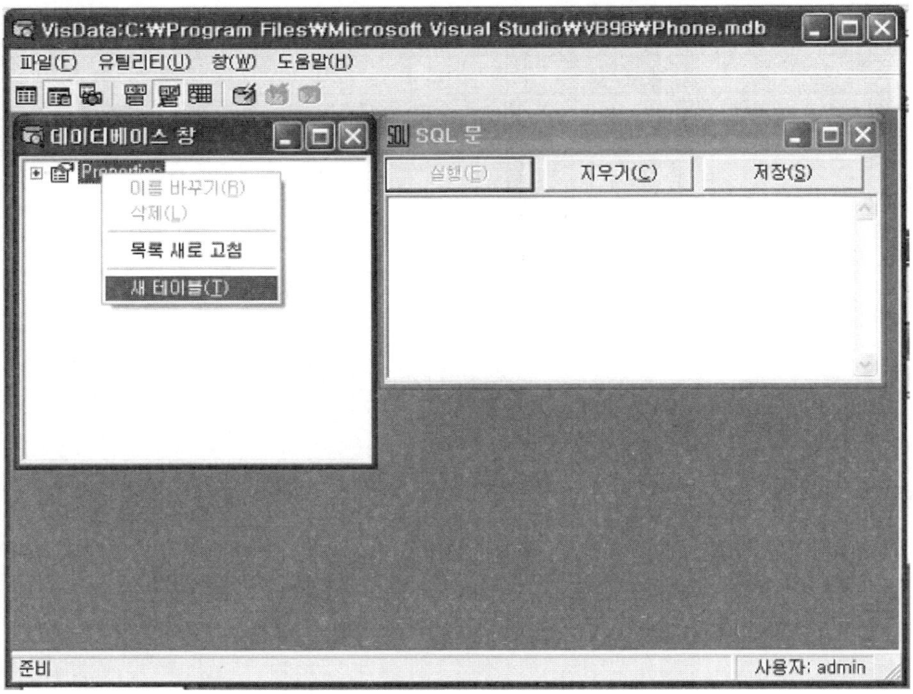

7. 이제 테이블 구조를 만들 차례이다. 천천히 잘 따라해 보자.

① 테이블 구조창이 나타난다.

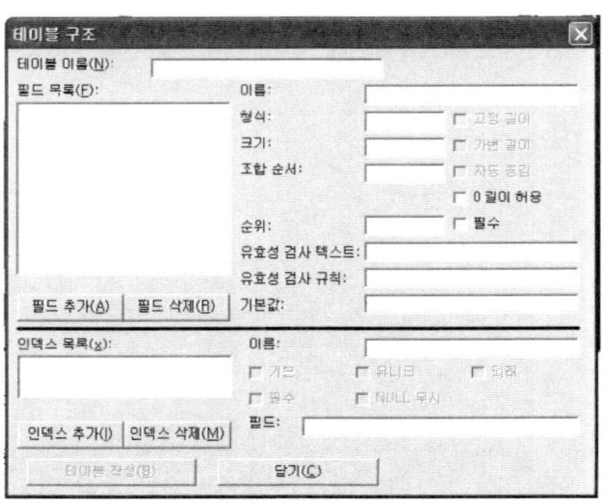

② 테이블 이름을 “전화번호부”로 입력한다.

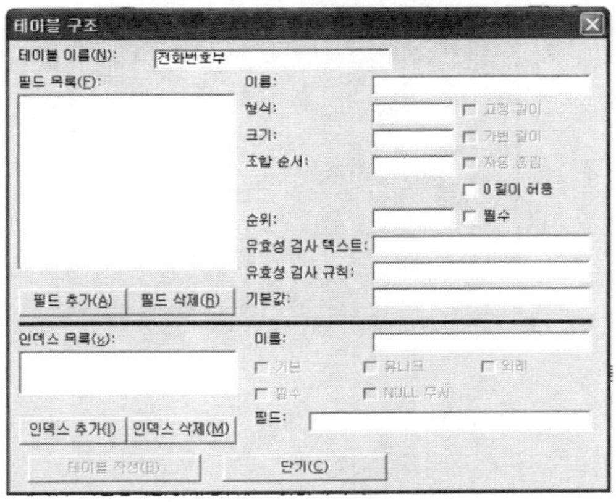

③ “필드 추가” 버튼을 클릭한다.

④ 필드 추가 창이 나타나면, 이름 항목에 “이름”이라고 입력하고 확인을 누른다.

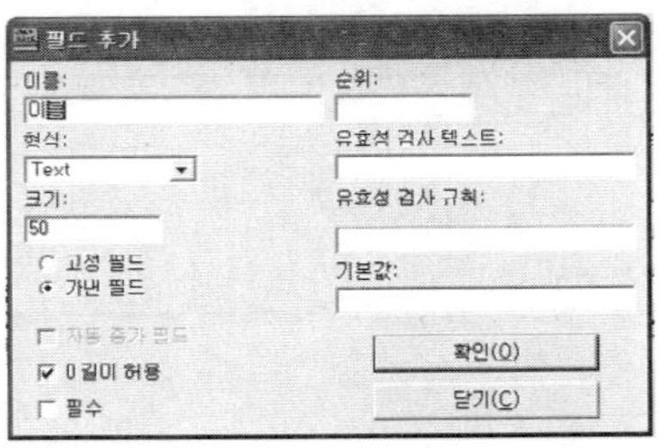

⑤ “주소”라고 입력하고, 확인을 누른다.

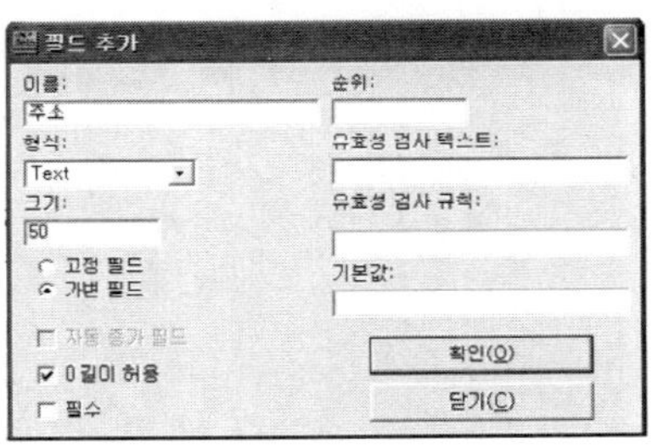

⑥ "전화번호"라고 입력하고 확인을 누른 후, 다시 닫기 버튼을 누른다.

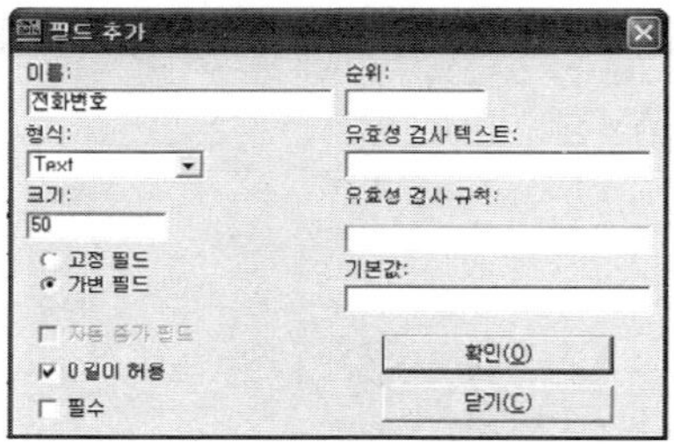

⑦ 필드 목록에 이름, 주소, 전화번호 필드가 생성된 것이 보일 것이다.

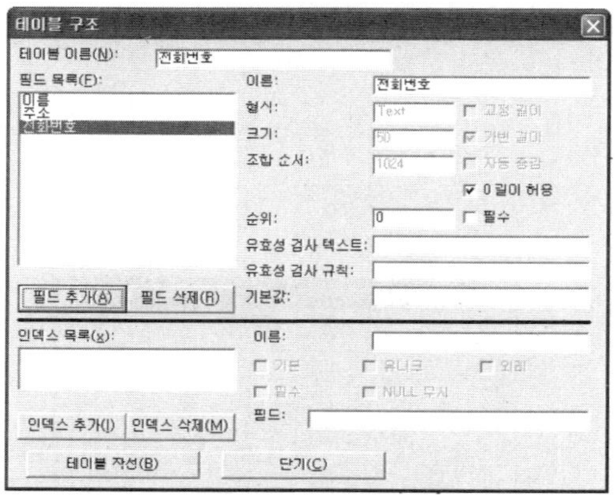

⑧ 화면 아래쪽에 있는 "테이블 작성" 버튼을 클릭한다.

⑨ 데이터베이스 창에 "전화번호부"라는 테이블이 생성된 것을 볼 수 있다.

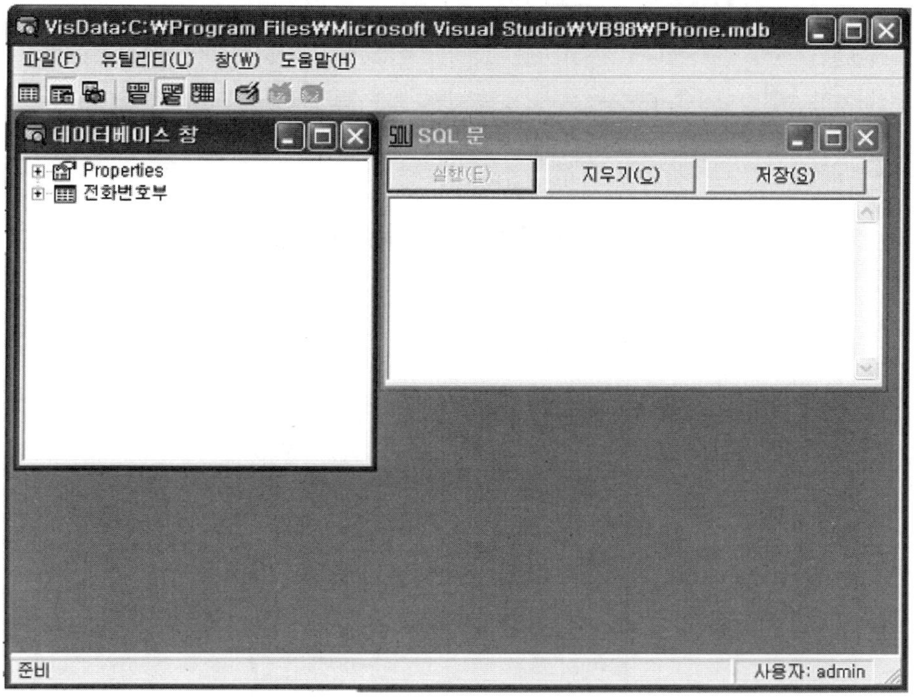

⑩ 비주얼 데이터 관리자 창을 닫는다.

8. 지금까지 한 과정이 전화번호부가 입력될 "Phone.mdb" 데이터베이스 파일이 만들어진 것이다.

참고사항

이전에 데이터 컨트롤의 속성을 지정하는 부분에서, 잘 지정되지 않았던 부분이 있었다. 이제는 데이터 파일을 만들어 주었기 때문에 다시 설정할 수 있다. "DatabaseName" 부분은 데이터 파일 만들기 4단계에서 "Phone.mdb"를 저장해 두었던, 위치를 설정한다. 그런 다음, "RecordSource" 속성을 선택했을 때 보이는 "전화번호부"라는 항목을 선택해 주면 된다.

03 DBGrid 컨트롤의 필드 배치

1. DBGrid를 선택한 다음 마우스 오른쪽 버튼을 클릭하여, "필드 검색" 메뉴를 선택한다.

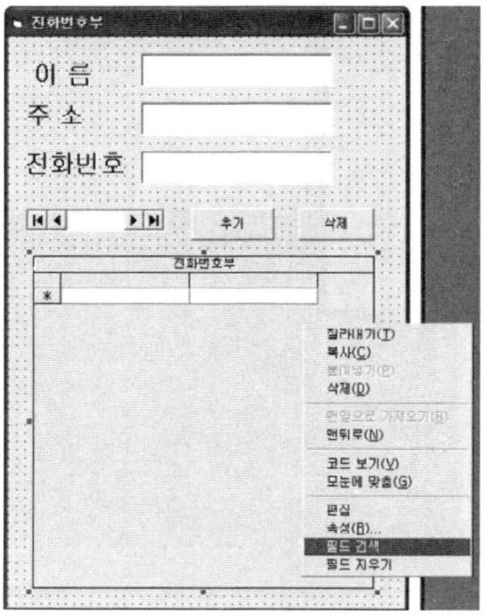

2. DataSource 속성에서 지정한 Data 컨트롤과 관련된 데이터베이스 파일의 필드명이 자동으로 생성된다.

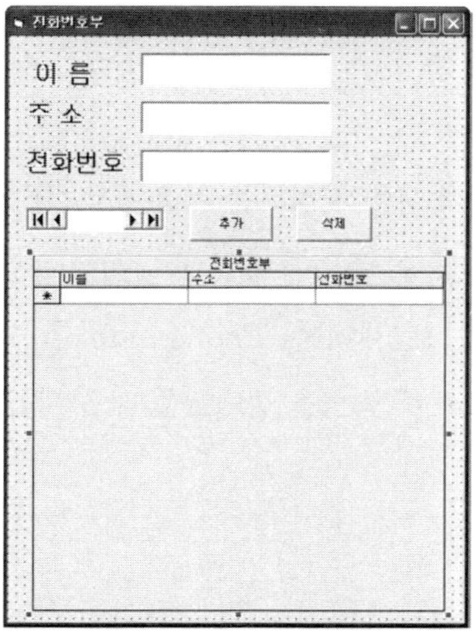

3. DBGrid를 선택한 후, 마우스 오른쪽 버튼을 클릭하여 "편집" 메뉴를 선택한다.

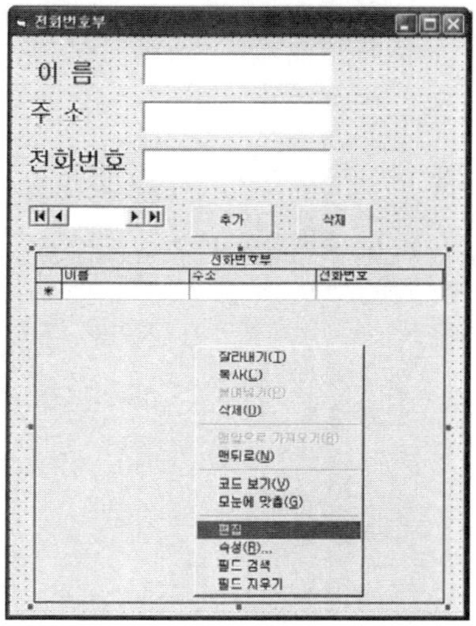

4. 경계선을 마우스로 끌기하여 필드의 넓이를 알맞게 조정하여, 적당한 크기로 만들어준다.

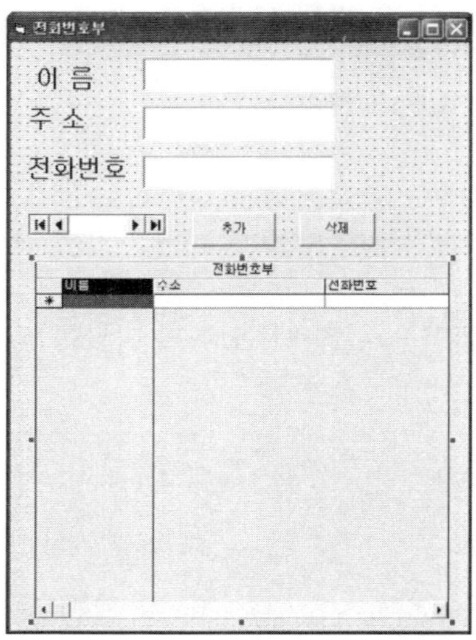

04 코드 작성하기

참고사항

Recordset.RecordCount	레코드 수를 의미
Recordset.AddNew	저장가능한 상태를 의미
Recordset.Update	저장을 의미
Recordset.MoveLast	마지막 레코드로 이동
Recordset.MoveFirst	처음 레코드로 이동

1. 폼에 있는 "추가" 버튼을 더블클릭하여, 다음과 같이 코드를 작성한다.

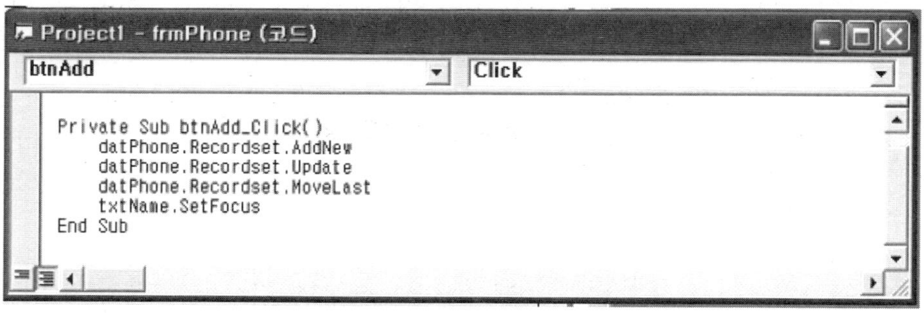

위의 코드들은 "추가" 버튼을 눌렀을 때, 입력된 자료들을 저장하는 것이다.

datPhone.Recordset.AddNew	레코드가 저장이 가능한 상태로 만들어줍니다.
datPhone.Recordset.Update	레코드를 저장합니다.
datPhone.Recordset.MoveLast	마지막 레코드로 이동합니다.
txtName.SetFocus	커서를 이름 박스로 이동합니다.

2. 폼에 있는 "삭제" 버튼을 더블클릭하여, 다음과 같이 코드를 작성한다.

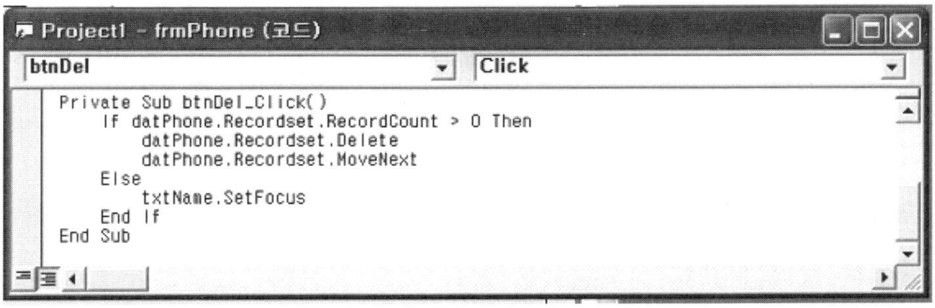

위의 코드들은 삭제 버튼을 눌렀을 때 레코드가 하나라도 있을 때만 지울 수 있게 하는 것이다.

If datPhone.Recordset.RecordCount > 0 Then	레코드 수가 0보다 크면
datPhone.Recordset.Delete	레코드를 지우고
datPhone.Recordset.MoveNext	다음 레코드로 이동할 것.
Else	
txtName.SetFocus	레코드 수가 0보다 작으면
End If	커서를 이름 박스로 이동할 것

3. 데이터 컨트롤의 리포지션(Reposition) 이벤트를 선택하고, 다음과 같이 코드를 입력한다.

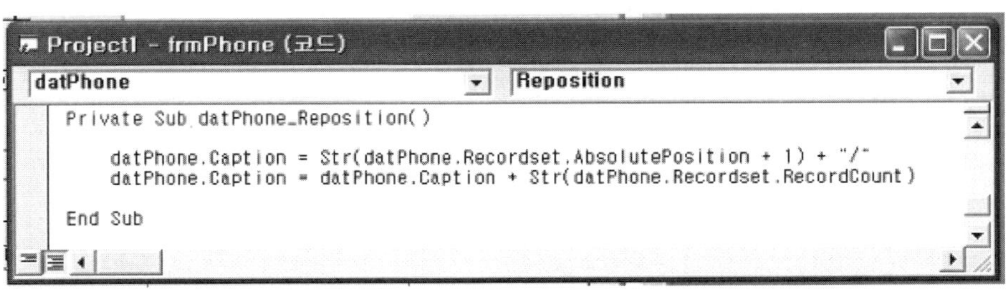

데이터의 입력이나 삭제가 이루어졌을 때 또는 데이터 컨트롤의 방향키로 이동이 이루어졌을 때 이를 데이터 컨트롤에 나타나게 하는 것이다.

"AbsolutePosition"은 현제 레코드의 위치를 나타내고, RecordCount는, 현재 레코드의 위치 번호와 총 레코드 수를 나타낸다.

4. 코딩 창의 (일반) 부분에서는 "Form"을 선택하고, 오른쪽 이벤트 핸들러 부분은 "Load"를 선택한다.
   생성된 프로지서에 폼에 대한 코딩을 시작한다.

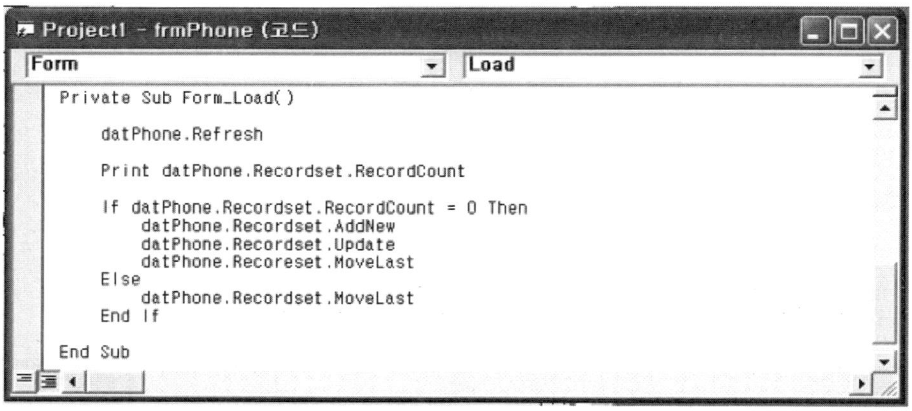

전화번호부가 처음 실행될 때 데이터베이스 파일을 읽어 이미 입력한 레코드가 있을 경우에는 처음 레코드로 이동하고, 입력한 레코드가 없다면 빈 레코드를 추가한다.

datPhone.Refresh	DatabaseName과 Record
Print datPhone.Recordset.RecordCount	Source 간의 Recordset을 형성
If datPhone.Recordset.RecordCount = 0 Then	입력된 레코드가 없다면
datPhone.Recordset.AddNew	추가 버튼과 비슷한 기능으로
datPhone.Recordset.Update	빈 레코드를 추가
datPhone.Recordset.MoveLast	
Else	
datPhone.Recordset.MoveLast	입력된 레코드가 있다면
End If	첫 번째 레코드로 이동

5. 프로그램을 실행하고, 직접 친구들의 전화번호를 입력하여, 추가, 삭제, 수정해 보자.

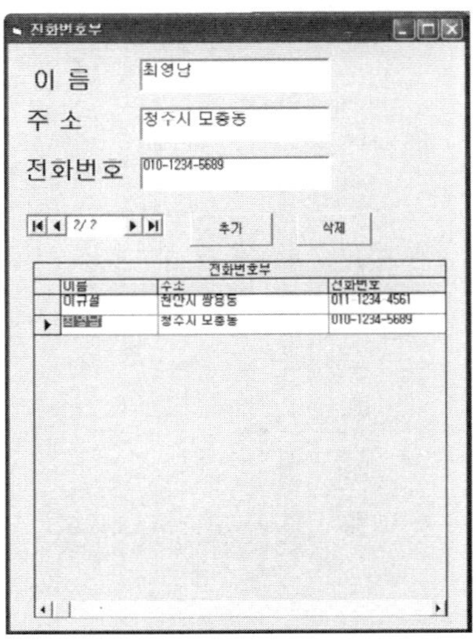

06 음악 재생 프로그램 만들기

여러분들은 음악 파일을 들을 때, 어떤 프로그램을 사용하나? 이번 장에서는 윈도우에서 사용되는 멀티미디어 파일인 *.wav, *.mid, *.avi 등의 확장자를 가진 파일을 재생할 수 있는 프로그램을 만들어 보려고 한다.

직접 프로그램을 만들어, 음악을 들을 수 있다는 것이 신기하지 않은가?

자, 그럼 직접 실습 해보자.

01 구성 요소 추가 하기

1. 도구모음에서 마우스 오른쪽 버튼을 클릭한 후, “구성요소”를 선택한다.

2. 구성 요소 창에서 “Microsoft Common Dialog Control 6.0”을 체크한다.

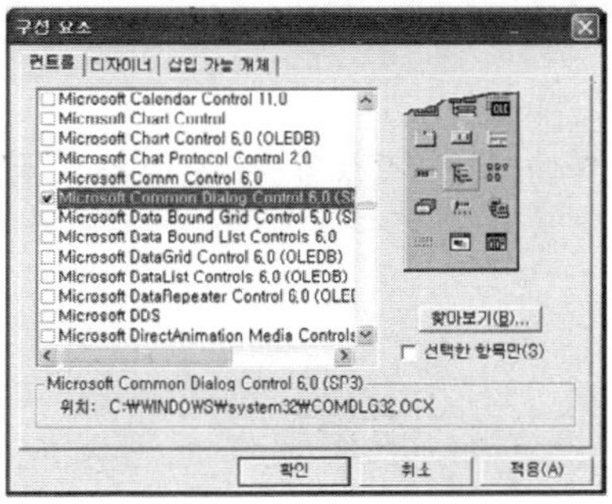

3. 스크롤바를 이용하여 "Microsoft Multimedia Control 6.0"도 체크를 하고, 확인 버튼을 클릭한다.

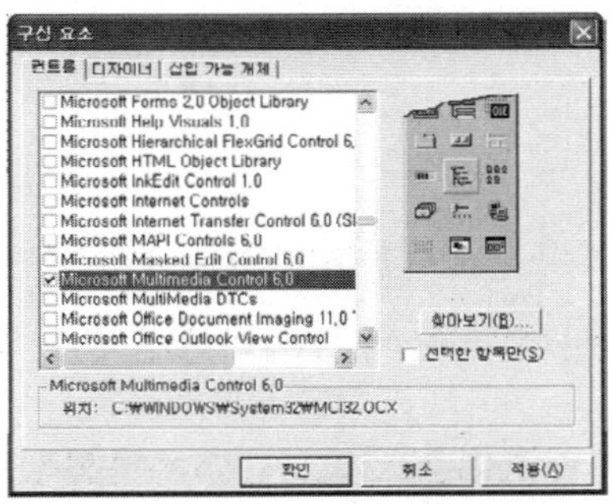

02 폼 디자인하기

1. 버튼, 텍스트박스, 커먼 다이얼로그(CommandDialog) 박스, 마이크로소프트 멀티미디어 컨트롤(MMControl)을 하나씩 그린다.

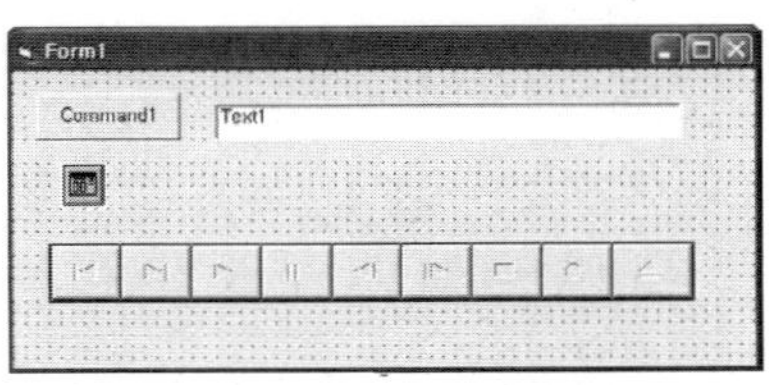

03 속성 지정하기

폼에 추가한 각각의 컨트롤 속성을 지정할 차례이다. 아래에 나와있는 표를 참고하여, 속성을 변경해 보자.

1. 폼, 버튼, 텍스트 박스 속성을 지정한다.

컨트롤	이름	Caption	Font	Text
Form1	frmPlay	멀티미디어 재생 파일	12	
Command1	btnOpen	파일열기	12	
Text1	txtWay		14	삭제

2. 마이크로소프트 멀티미디어 컨트롤(MMC)의 속성을 변경한다.

① 속성 창의 "사용자 정의" 항목에 있는 마법사 단추 를 선택한다.

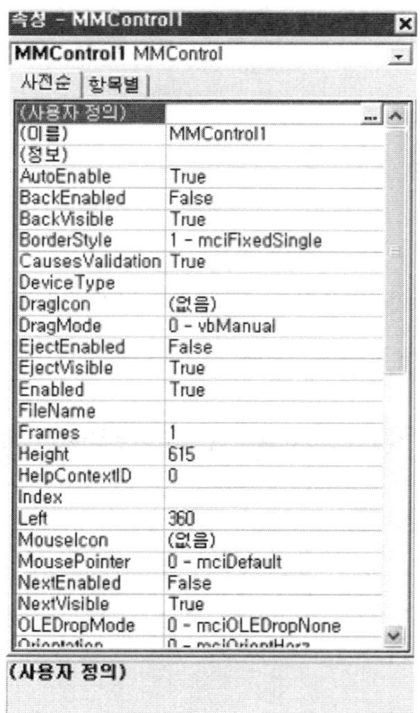

② 속성 페이지 창에서 [컨트롤] 탭을 클릭한다.

위의 그림과 같이 항목에 체크한 후 확인 버튼을 누른다.

3. 속성 지정이 끝난 화면이다.

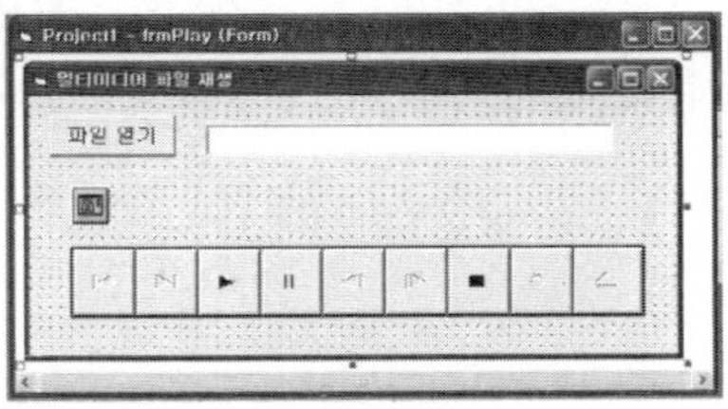

04 코드 작성하기

1. "파일 열기" 버튼을 더블 클릭 하여, 아래와 같이 코드를 추가한다.

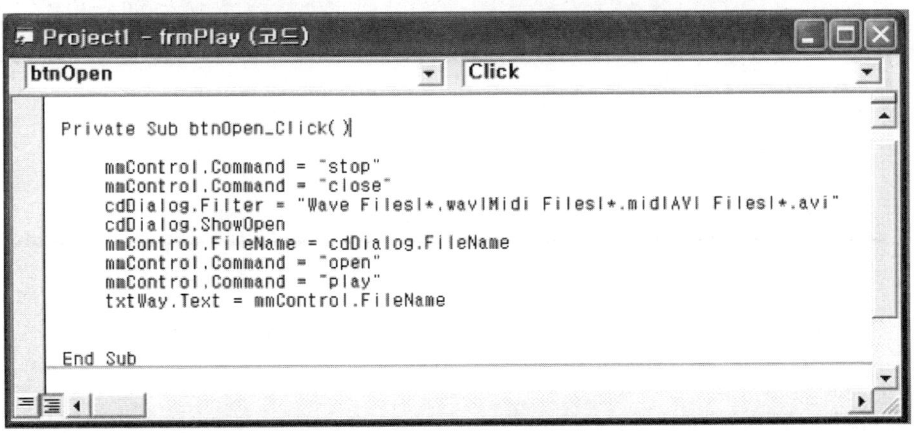

mmControl.Command = "stop"	재생되고 있는 파일을 멈춤
mmControl.Command = "close"	재생되고 있는 파일을 닫음
cdDialog.Filter = "Wave _ Files|*.wav|Midi Files|*.mid|AVI _ Files|*.avi"	재생 할 파일 형식을 지정함
cdDialog.ShowOpen	CommonDialog 박스를 화면에 나타나게 함
mmControl.FileName = _ cdDialog.FileName	재생될 파일의 이름을 mmControl에 지정
mmControl.Command = "open"	지정한 파일을 열기함
mmControl.Command = "play"	지정한 파일을 재생함
txtWay.Text = mmControl.FileName	재생하고 있는 파일 이름을 나타냄

참고사항

1. 문자는 "shift + ₩" 키를 누른다.

2. 멀티미디어 컨트롤(MMControl)에 대한 코드를 추가한다.

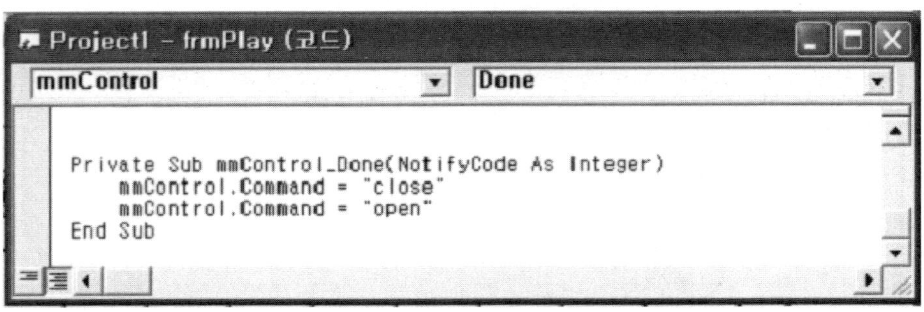

재생이 모두 끝났을 때 다시 플레이 버튼을 클릭할 수 있게 한다.

3. 프로젝트를 실행하여, 결과를 확인한다.

   파일 열기 버튼을 눌러, 음악 파일을 선택한다.

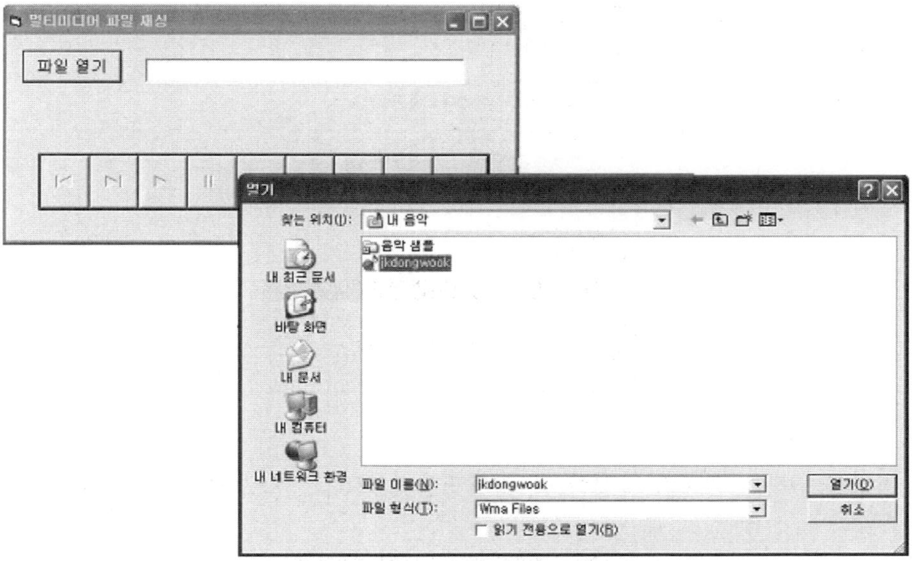

음악이 잘 들리는가?

지금 이 프로그램은 비주얼베이직으로 만들었기 때문에, 이 프로그램을 통해 음악을 듣는다면, 비주얼베이직을 항상 실행시켜야한다. 그렇지만, 그것은 너무 번거로운 일일 것이다.

그럼 이제, 비주얼베이직을 실행시키지 않고, 바로 음악 재생 프로그램만 실행시킬 수 있도록 해 보겠다.

4. [파일] - [프로젝트 exe만들기]를 선택한다.

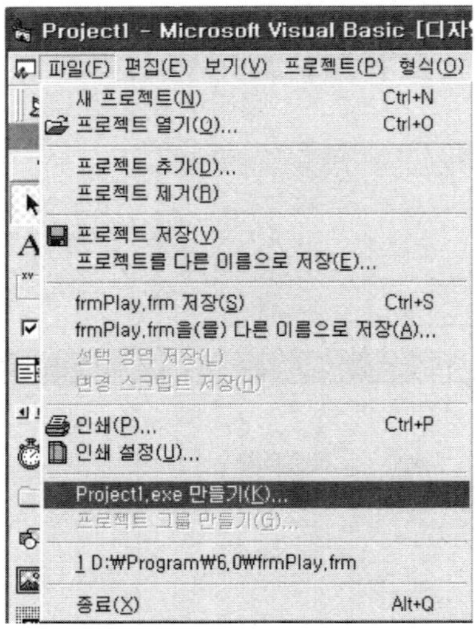

5. 저장을 원하는 위치를 지정한 후, 파일명을 입력하고, 확인 버튼을 누른다.

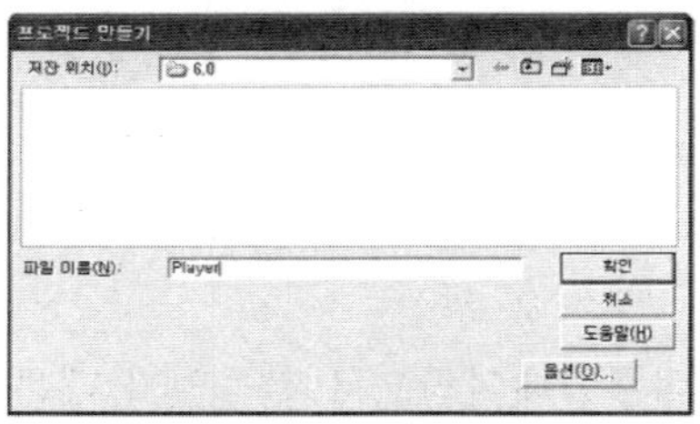

6. 저장한 위치를 찾아, 위에서 저장한 실행파일(.exe 파일)을 찾아 더블클릭한다.

비주얼베이직 프로그램을 실행하지 않고도, 바로 실행파일을 동작시킬 수 있다.

07 자동판매기 만들기

주위에서 쉽게 볼 수 있는 자동판매기(Vending Machine)가 어떻게 작동되는 것인지 여러분들은 생각해 본 적이 있는가? 우리가 지금까지 공부한 비주얼베이직 프로그래밍 언어로도 자동판매기를 만들 수 있다.

자~ 천천히 잘 따라하면서 익혀 본 후, 각자 원하는 메뉴를 정해 멋진 자동판매기를 만들어 보도록 하자.

1. 폼을 하나 실행시킨 후, 도구 상자에서 레이블 세 개를 선택하여 그린다. 레이블을 세 개를 선택하여 그린 후, 아래의 그림과 같이 보이게 프로그램의 왼쪽에 있는 속성 창에서 속성을 변경한다.

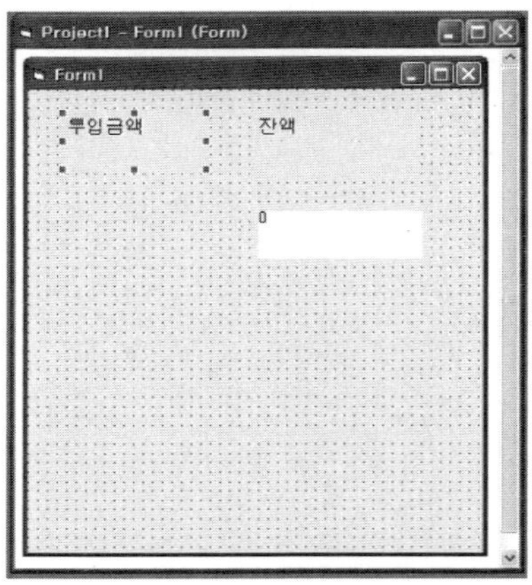

⊙ 속성 지정하기

컨트롤	이름	AutoSize	Appearance	Caption	Font
Label1		True		투입금액	
Label2		True		잔액	12
Label3	lblInput	False	0-평면	0	

2. 도구 상자에서 텍스트 박스와 버튼을 각각 한 개씩 선택하여 그린 후, 텍스트 박스와 버튼의 속성을 다음과 같이 보이도록 변경한다.

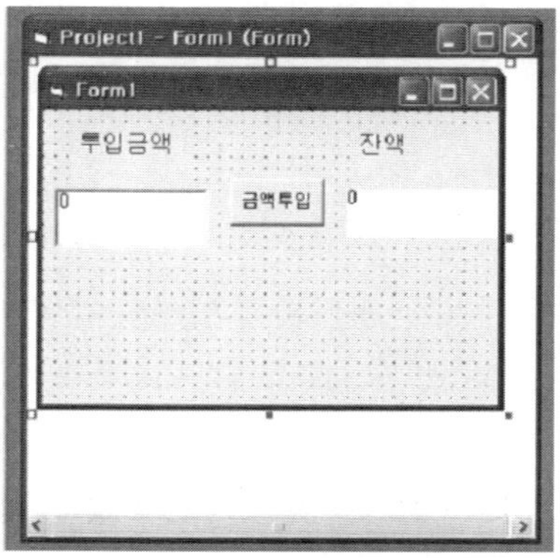

◉ 속성 지정하기

컨트롤	이름	Caption	Font
Text1	txtInput	0	12
Command1	cmdInput	금액투입	

3. 다음으로 버튼을 클릭했을 때, 작동되도록 직접 "코딩"을 해 보도록 하겠다. "금액투입"이라는 버튼을 더블클릭한다. 다음과 같은 화면이 보인다. 아래의 화면과 같이 입력을 한다.

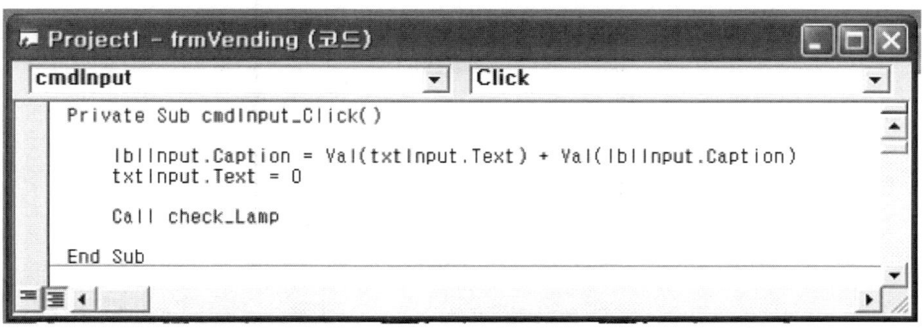

이것은 "금액투입"이라는 버튼을 누르면, 잔액을 나타내는 레이블에 투입금액 만큼 반영이 되도록 하는 것이다.

우리가 직접 자동판매기를 이용할 때를 생각해 보면, 금액을 자동판매기에 넣었을 때, 얼마를 넣었는지 표시되는 것이 있다. 바로 그 기능이다.

4. 실행 버튼을 눌러, 프로그램을 실행 시킨 후, 투입금액 란에 금액을 입력하고 "금액투입" 버튼을 눌러 본다. 잔액 레이블에 입력한 숫자만큼 금액이 반영되는 것이 보인다.

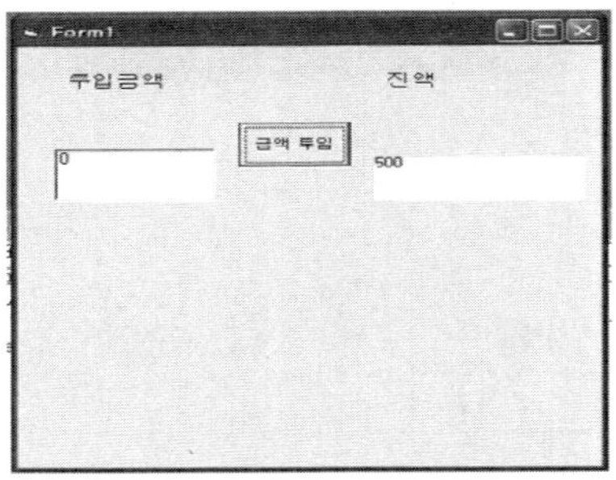

5. 이제 폼으로 다시 돌아가서, 버튼을 하나 만들어 보자.

   이번엔 버튼을 만든 후, 그 버튼에 그림을 넣을 것이다. 잘 따라해 보자.

   버튼을 하나 그린 후, 다음과 같이 나타나도록 버튼의 속성을 설정한다.

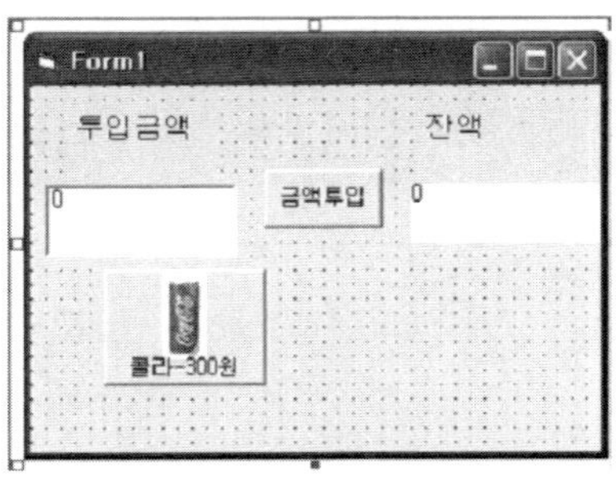

◉ 속성 지정하기

컨트롤	이름	Caption	Picture	Style
Command2	cmdCoke	콜라-300원	(원하는 그림 선택)	1-그래픽

6. 이제 투입금액이 콜라의 가격보다 더 많으면, 콜라의 메뉴에 불이 들어오도록 해본다.

   오른쪽에 있는 도구 상자에서 Shape을 선택하여 그린 후, 속성을 다음과 같이 변경한다.

◉ 속성 지정하기

컨트롤	Visible	Shape	FillColor	FillStyle
Shape1	False	3-원형	빨강	0-단색

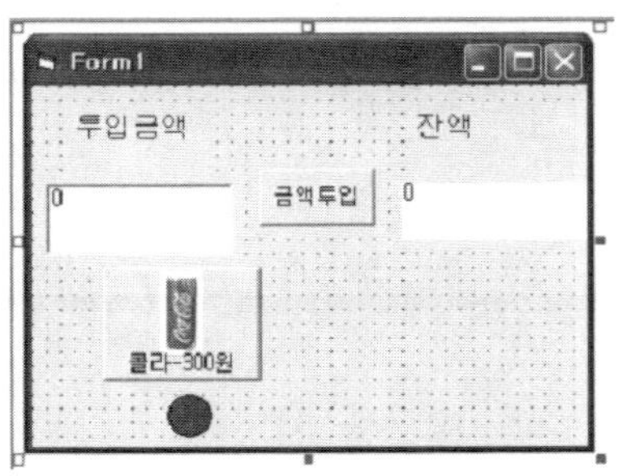

7. "콜라-300원" 버튼을 더블클릭하여, 코드 입력창으로 이동한다.

   잔액이 콜라를 선택할 수 있는 만큼의 금액이 되면, 빨간 불이 켜지도록 표현하기 위해, 별도의 함수가 하나 필요하다.

다음과 같이 입력해 보자.

```
Option Explicit


Private Sub cmdInput_Click()

    lblInput.Caption = Val(txtInput.Text) + Val(lblInput.Caption)
    txtInput.Text = 0

    Call check_Lamp

End Sub


Private Sub cmdCoke_Click()
    If Val(lblInput.Caption) >= 300 Then
        lblInput.Caption = Val(lblInput.Caption) - 300

        MsgBox ("선택하신 콜라가 나왔습니다. 맛있게 드세요~!")
        Else
            MsgBox ("잔액이 부족합니다. 금액을 더 넣어주세요")
    End If

    Call check_Lamp

End Sub

Private Sub check_Lamp()

    If Val(lblInput.Caption) >= 300 And Shape1.Visible = False _
    And Shape1.Visible = False And Shape1.Visible = False Then
       Shape1.Visible = True
    End If

    If Val(lblInput.Caption) < 300 And Shape1.Visible = True Then
       Shape1.Visible = False

    End If


End Sub
```

8. 5번과 6번, 7번의 작업을 반복하여, 다음과 같이 원하는 메뉴만큼 추가해 본다.

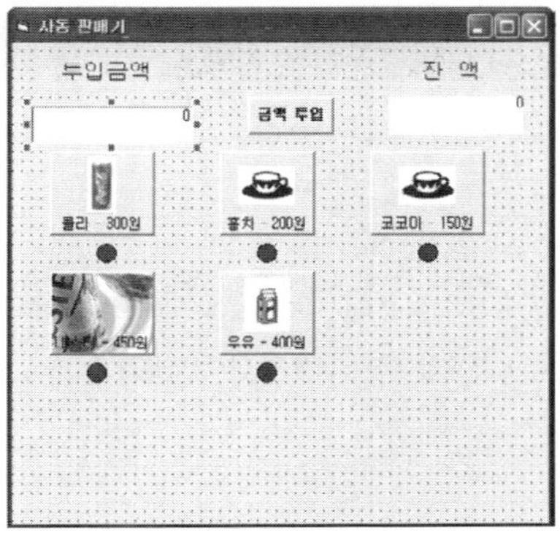

홍차, 코코아, 네스티, 우유를 메뉴에 더 추가하였다.

각각의 버튼의 속성은 다음과 같다.

◉ 속성 지정하기

컨트롤	이름	Caption	Picture	Style
Command3	cmdTea	홍차 - 200원	(원하는 그림 선택)	1-그래픽
Command4	cmdCocoa	코코아 - 150원		
Command5	cmdNestea	네스티 - 450원		
Command6	cmdMilk	우유 - 400원		

각각의 메뉴를 선택할 수 있도록 코드를 다음과 같이 작성한다.

Project1 - frmVending (코드)

cmdMilk | Click

```
Private Sub cmdTea_Click()

    If Val(lblInput.Caption) >= 200 Then
        lblInput.Caption = Val(lblInput.Caption) - 200
        MsgBox ("선택하신 홍차가 나왔습니다. 맛있게 드세요~!")
        Else
            MsgBox ("잔액이 부족합니다. 금액을 더 넣어주세요")
    End If

    Call check_Lamp


End Sub

Private Sub cmdCocoa_Click()

    If Val(lblInput.Caption) >= 150 Then
        lblInput.Caption = Val(lblInput.Caption) - 150
        MsgBox ("선택하신 코코아가 나왔습니다. 맛있게 드세요~!")
        Else
            MsgBox ("잔액이 부족합니다. 금액을 더 넣어주세요")
    End If

    Call check_Lamp


End Sub

Private Sub cmdNestea_Click()
    If Val(lblInput.Caption) >= 450 Then
        lblInput.Caption = Val(lblInput.Caption) - 450
        MsgBox ("선택하신 네스티가 나왔습니다. 맛있게 드세요~!")
        Else
            MsgBox ("잔액이 부족합니다. 금액을 더 넣어주세요")
    End If

    Call check_Lamp


End Sub

Private Sub cmdMilk_Click()
    If Val(lblInput.Caption) >= 400 Then
        lblInput.Caption = Val(lblInput.Caption) - 400

        MsgBox ("선택하신 우유가 나왔습니다. 맛있게 드세요~!")
        Else
            MsgBox ("잔액이 부족합니다. 금액을 더 넣어주세요")
    End If

    Call check_Lamp


End Sub
```

⦿ 속성 지정하기

컨트롤	Visible	Shape	FillColor	FillStyle
Shape2	False	3-원형	빨강	0-단색
Shape3				
Shape4				
Shape5				

음료를 뽑을 수 있도록 나타내 주는 램프 역할을 해주는 함수 부분에도 코드를 다음과 같이 추가한다.

Project1 - frmVending (코드)

(일반) | check_Lamp

```
Private Sub check_Lamp()

    If Val(lblInput.Caption) >= 300 And Shape1.Visible = False _
    And Shape1.Visible = False And Shape1.Visible = False Then
       Shape1.Visible = True
    End If

    If Val(lblInput.Caption) < 300 And Shape1.Visible = True Then
       Shape1.Visible = False

    End If

    If Val(lblInput.Caption) >= 200 And Shape2.Visible = False Then
       Shape2.Visible = True
    End If

    If Val(lblInput.Caption) < 200 And Shape2.Visible = True Then
           Shape2.Visible = False
    End If


    If Val(lblInput.Caption) >= 150 And Shape3.Visible = False Then
          Shape3.Visible = True
    End If

    If Val(lblInput.Caption) < 150 And Shape3.Visible = True Then
          Shape3.Visible = False
    End If

    If Val(lblInput.Caption) >= 450 And Shape4.Visible = False _
    And Shape4.Visible = False And Shape4.Visible = False Then
       Shape4.Visible = True
    End If

    If Val(lblInput.Caption) < 450 And Shape4.Visible = True Then
       Shape4.Visible = False

    End If

    If Val(lblInput.Caption) >= 400 And Shape5.Visible = False _
    And Shape5.Visible = False And Shape5.Visible = False Then
       Shape5.Visible = True
    End If

    If Val(lblInput.Caption) < 450 And Shape5.Visible = True Then
       Shape5.Visible = False

    End If


End Sub
```

그런데, 폼의 제목의 바뀌었을 것이다. 폼의 속성도 다음과 같이 변경할 수 있다. 폼의 속성도 변경해 보도록 한다.

⊙ 속성 지정하기

컨트롤	이름	Caption
Form1	frmVending	자동 판매기

9. 더 이상 원하는 메뉴가 없으면, 남은 금액을 반환해야 한다. 금액을 반환할 수 있도록 만들어 보자.
   버튼과 레이블을 이용하여 하나씩 그린다.

⊙ 속성 지정하기

컨트롤	이름	Caption	Appearance
Command7	cmdReturn	반환	
Label4	lblReturn	0	0-평면

10. “반환” 버튼을 더블클릭하여, 코드 입력창으로 이동한다.

다음과 같이 입력해보자.

```
Private Sub cmdReturn_Click()
    lblReturn.Caption = lblInput.Caption + " 원이 반환되었습니다."

    lblInput = 0

    Call check_Lamp

End Sub
```

11. 실행 창에서 원하는 음료를 선택하고, 잔액 반환 버튼을 누르면, 얼마만큼의 잔액이 반환되었는지까지 실행되는 결과를 차례대로 확인해 본다.

“투입금액”란에 300원을 입력하고, “금액투입” 버튼을 누르면 “잔액” 레이블에 투입금액만큼 반영이 된다.

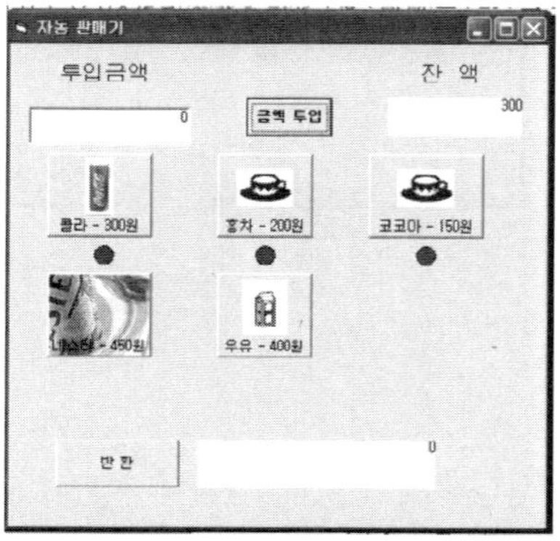

300원으로 뽑을 수 있는 음료 메뉴에 빨간 불이 들어올 것이다.

12. 콜라를 선택해 본다.

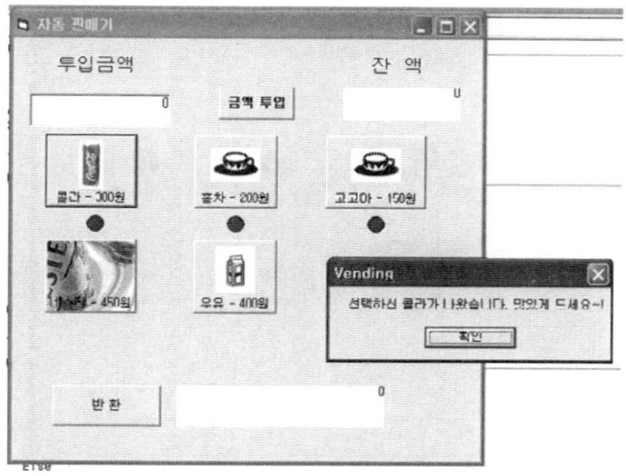

13. 이제는 "투입금액"란에 음료수들의 가격보다 적은 액수를 입력한 후, 콜라를 선택해 본다.

"투입금액"에 100원을 입력한 후, "콜라"를 선택한다.

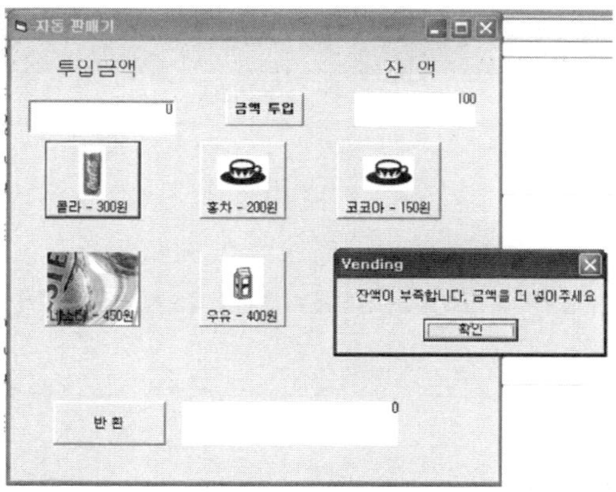

잔액이 부족하다는 경고문이 뜰 것이다.

14. 자, 이젠 반환 버튼을 눌러, 남은 금액을 반환한다.

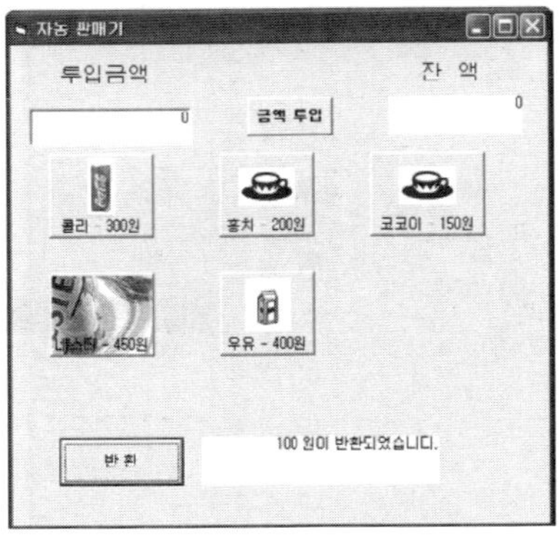

15. 메뉴가 아닌 빈 공간을 클릭하면, 경고 창이 뜨도록 만들어 본다.
코드 창으로 이동하여, 왼쪽 선택 메뉴를 "Form"으로, 오른쪽 선택메뉴는 "Click"으로 선택한 후, 다음과 같이 입력해 본다.

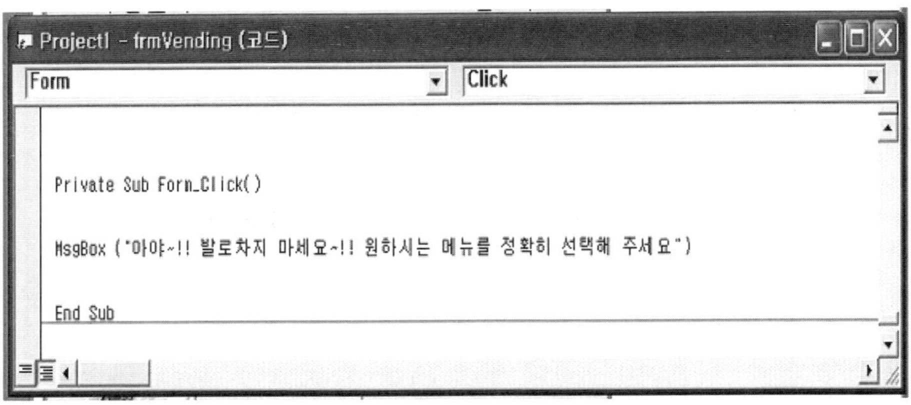

실행 후, 폼의 빈 공간을 클릭하여 본다.

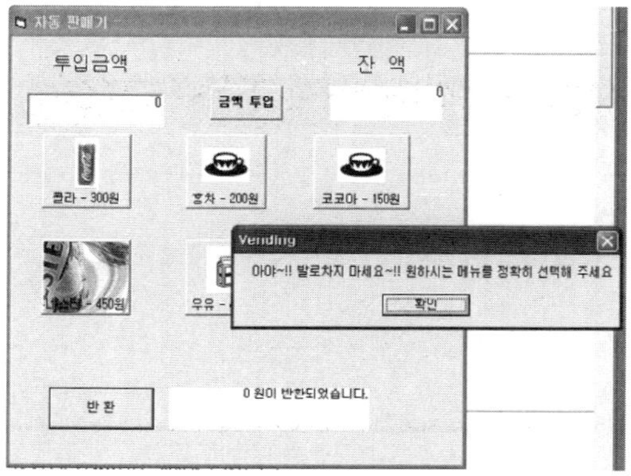

16. 결과를 모두 확인 하였다면, 자판기를 종료한다.
 다음과 같이 버튼을 추가한 후, 속성을 변경한다. 코드 창으로 이동한 후, 다음과 같이 입력한다.

◉ 속성 지정하기

컨트롤	이름	Caption	Appearance
Command8	cmdExit	끝내기	

"끝내기" 버튼을 더블 클릭한 후, 코드 입력창에서 다음과 같이 입력한다.

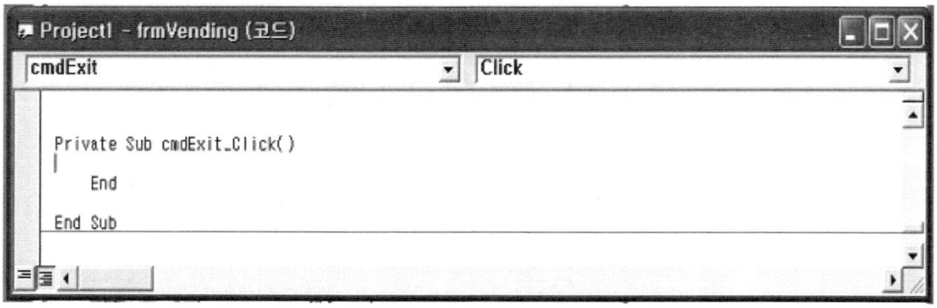

17. 실행화면에서 "끝내기" 버튼을 눌러보자.

프로그램이 종료되면, 잘 된 것이다.

18. 마지막으로 프로그램을 저장하여 본다.

[파일] – [프로젝트 저장]을 선택한다.

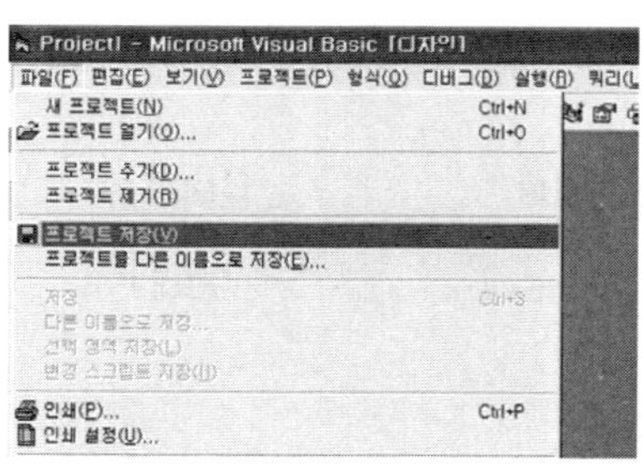

19. 프로그램을 저장할 원하는 폴더를 선택한 후, "Vending"이라고 폼 파일의 파일명을 지정하고 [저장] 버튼을 클릭한다.

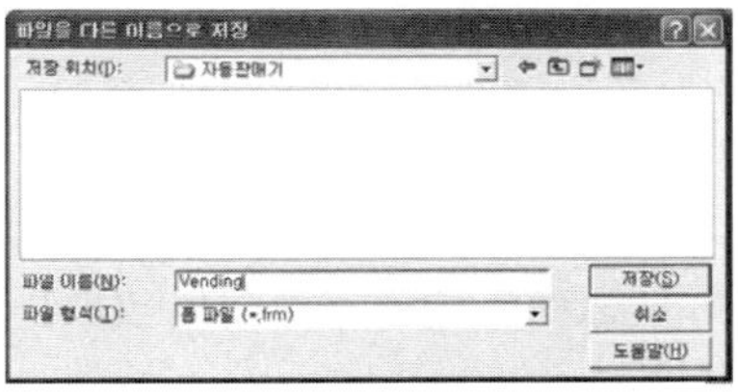

20. 프로젝트를 저장하기 위한 창이 다시 나타난다. 역시 "Vending"이라고 프로젝트 파일의 파일명을 지정하고 [저장] 버튼을 클릭한다.

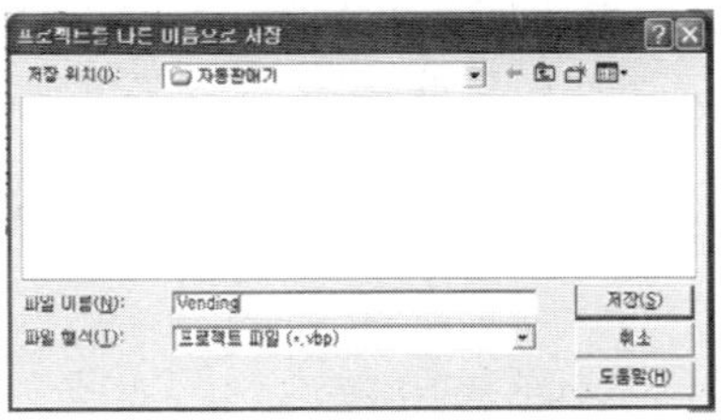

21. 다음과 같은 창이 뜨면, "No"를 클릭한다.

자~, 이제 자동판매기 프로그램을 모두 만들었다. 이제 각자 더 많은 메뉴를 원하면, 계속 추가할 수 있다.

연습을 많이 하여, 여러분들이 원하는 더욱 멋진 자동판매기 프로그램을 만들어 보자.

참고문헌

나동섭 · 이재호(2002). 정보과학영재를 위한 교육 분야 정의. 한국정보교육학회 동계 학술발표 논문집. 제 7권 1호

조석희(2004). 영재교육 백서 2004. 연구자료 RM 2004-64. 한국교육개발원

강숙희(2000). 영재 교수 · 학습 자료 개발연구 : 초 · 중등 영재학교/영재학급용

수탁연구 CR 2000-15. 한국교육개발원

오세군 · 안성진(2002). 컴퓨터 영재의 특성과 정의에 관한 연구. 한국컴퓨터교육학회 동계 학술발표 논문집. 제 7권 1호

서혜애(2003). 영재교육기관 교수 · 학습 실태연구. 한국교육개발원

김천호(2004). 정보영재 교육의 이론과 실제. 충청북도교육청

남승현(2005). 초등 정보영재의 멀티미디어 제작 교육에 관한 연구. 한국교원대학교 석사학위논문

윤성희(2005). 정보영재의 思考樣式에 따른 교수 · 학습 모형에 관한 연구. 한국교원대학교 석사학위논문

오세군(2002). 컴퓨터영재의 정의와 판별시스템. 성균관대학교 교육대학원 석사학위논문

유경미(2002). 정보과학 영재에 대한 컴퓨터 교사들의 인식에 관한 연구. 한양대학교 교육대학원 석사학위논문

나동섭(2003). 초등 정보과학영재교육을 위한 교육과정의 개발. 인천교육대학교 교육대학원 석사학위논문

이건용 · 이재호(2004). 정보과학영재를 위한 사이버 커뮤니티 활성화 방안. 한국정보교육학회 동계학술발표논문집 8(1), pp. 324-334.

미국 국립영재교육연구소 http://www.gifted.uconn.edu/nrcgt.html

Matthew Reynolds 외 3인 공저. 최현호 역(2002). Visual Basic.NET Beginning 01/정보문화사

찾아보기

저자소개

이태욱(李泰旭)

▶ 서울대학교를 졸업한 후 미국 플로리다 공대 대학원에서 컴퓨터 과학, 컴퓨터 교육학으로 석사 및 박사를 취득하였고, 미국 플로리다 공대에서 연구 교수를 역임하였다. 귀국 후 1985년부터 한국교원대학교 컴퓨터교육과 교수로 재직하면서 한국 컴퓨터 교육학 회장과 교육정책 심의회 위원, 한국교원대학교 교육연구원장을 역임하였고 ICCE(세계 컴퓨터교육협의회) 수석위원으로 활동 중이다.

컴퓨터 교육학 분야의 국내 제1호 박사이며 정보처리기술사로서 재미과학기술자협회와 미국 National Science Foundation에서 최우수 논문상 등을 수상하였고 약 150여 편의 국내외 학술, 기술 관련 논문과 40여 편의 책과 교과서를 집필하였다.

안성훈(安星勳)

▶ 청주교육대학교를 졸업하고, 한국교원대학교 대학원에서 초등컴퓨터교육 전공으로 석사와 박사 학위를 받았다. 청주 서원초등학교에서 초등 교사로서 근무하였으며, 현재는 한국교육개발원에서 부연구위원으로 재직하고 있다. 주요 경력으로는 교육인적자원부의 제1기 평생직업교육 정책자문위원, 제4기 사이버현장교원자문팀 자문위원, 교과서 집필위원, 한국교육학술정보원의 사이버교재 집필위원, 교육용 SW 평가위원, 한국직업능력개발원의 e-Training 심사위원, 한국콘텐츠학회의 학회지편집위원, 이러닝분과 부위원장 등을 역임하고 있다. 주요 저서로는 31편의 국내외 학술 논문과 12편의 보고서, 그리고 4편의 저서를 집필하였다.

박정호(朴正鎬)

▶ 서울교육대학교를 졸업하고, 아주대학교 교육대학원에서 컴퓨터교육 전공으로 석사 학위를 받았으며, 화성장안초등학교에서 초등 교사로서 근무 중이며, 현재 컴퓨터교육과 박사과정에 있다.

정보처리기사를 포함 다수의 컴퓨터관련 자격증을 보유하고 있으며 2005~2006년 서울시 영재교육자료 개발에 참여하였으며, 현재 한국교원대학교에서 컴퓨터 관련 과목의 강사로 재직 중이다.

배영권(裵永勸)

▶ 대구교육대학교를 졸업하고, 同 대학원에서 초등컴퓨터교육 전공으로 석사 학위를 받았으며, 대구 상인초등학교에서 초등 교사로서 근무중이며, 현재 컴퓨터교육과 박사학위를 취득하였다.

대구광역시교육청 특별연구교사, 대구에듀넷 교육용 소프트웨어 관리위원, 경상북도 교육용 소프트웨어 공모전 우수 입상자 일반화 운영 연구원, KERIS주관 멀티미디어 교육자료 설계 및 연구진으로 활동하였으며 저서로는 「교사를 위한 ICT활용 교육실무」등이 있으며 현재 미국 인디애나 대학교 post.DOC(포닥) 과정에 있다.

최영남(崔英男)

▶ 서원대학교를 졸업하고, 同 대학원에서 정보통신공학 전공으로 석사 학위를 받았다.

서원대학교 평생교육원 강사로 활동하였고, 현재 한국교원대학교 컴퓨터교육과 석사과정에 재학중이다.

정보처리기사, 오라클 8i 등의 컴퓨터 관련 자격증을 보유하고 있다.

영재를 위한 프로그래밍 교육론

2007년 2월 26일 초판 인쇄
2007년 3월 5일 초판 발행

지은이 | 이태욱/안성훈/박정호/배영권/최영남
펴낸이 | 오판근
펴낸곳 | 교우사

주 소 | 서울시 동대문구 제기2동 148-19
대표전화 | 925-2861
팩 스 | 925-2860
전자우편 | kw2861@chollian.net
홈페이지 | www.kyowoo.co.kr
출판등록 | 1994년 3월 24일(제 6-0256호)

ISBN 978-89-8172-672-0(93000)
값 12,000원